Tina Willms | Im Glauben: Zweifel – Im Zweifel: Glauben

Tina Willms

Im Glauben: Zweifel – Im Zweifel: Glauben

Inspirationen zur Jahreslosung
und den Monatssprüchen 2020

neukirchener

Die Rechte der Texte in diesem Buch liegen bei der Autorin. Bei Interesse an einer Lesung wenden Sie sich bitte direkt an Tina Willms: tina.willms@t-online.de

FSC
www.fsc.org
MIX
Papier aus verantwortungsvollen Quellen
FSC® C014138

Bibliografische Information der Deutschen Nationalbibliothek:
Die Deutsche Nationalbibliothek verzeichnet diese Publikation in der Deutschen Nationalbibliografie; detaillierte bibliografische Daten sind im Internet über http://dnb.d-nb.de abrufbar.

Umschlaggestaltung: 3Kreativ, Essen, unter Verwendung eines Bildes von © Shutterstock/Nagib
Lektorat: Mirja Wagner, Punkt.Landung, Marburg
DTP: Breklumer Print-Service, www.breklumer-print-service.com
Verwendete Schrift: Cronos Pro, Adobe Garamond Pro
Gesamtherstellung: Finidr, s.r.o.
Printed in Czech Republic
ISBN 978-3-7615-6669-5

www.neukirchener-verlage.de

INHALTSVERZEICHNIS

VORWORT

Glaube und Zweifel durchdringen einander. Sie stellen sich gegenseitig infrage.

Das auszuhalten, ist schwer. Lieber hätte ich das Leben und auch den Glauben etwas eindeutiger, als sie oft sind. Mit Antworten, die dauerhaft sind, und Gewissheiten, die nicht ins Wanken geraten.

Das Leben aber bewegt sich und steht nicht still. So bringt es Veränderungen mit sich. Und manchmal beginnt der fest geglaubte Boden unter den Füßen zu schwanken. Was vorher gewiss erschien, gerät aus den Fugen, und die sicher geglaubten Antworten stimmen nicht mehr.

Ich denke, dass sich gerade in den so entstehenden Spannungsfeldern Räume öffnen, in denen wir uns entwickeln.
Dann tun sich – oft in einem langsamen Prozess – neue Perspektiven auf, nicht nur für das eigene Leben, auch für das anderer Menschen, für die Umwelt und die Erde.

Ich möchte darum mit diesem Buch ermutigen, den Zweifeln zu lauschen. Und dennoch nicht damit aufzuhören, sich in den Glauben einzuüben. Im Gespräch zu bleiben mit anderen und mit dem, den wir – mit einem Wort, das nicht ausreicht – Gott nennen.
Vielleicht braucht auch Gott einen Vertrauensvorschuss, damit er in unsicheren Zeiten nicht verloren geht, sondern sich auf eine neue Weise zeigen kann. Als der, der sich nicht begreifen oder erfassen lässt. Und dem wir doch staunend hinterherschauen, wenn er uns begegnet.

Wie in den Inspirationen zur Jahreslosung 2018 und 2019 gibt es auch in diesem Buch wieder Texte, die eher in loser Beziehung zu den Bibelworten für das Jahr und seinen einzelnen Monaten stehen, andere nehmen Themen auf, die in der jeweiligen Zeitspanne wichtig sind.
Wieder soll Raum sein, sich selbst einzutragen mit den eigenen Erfahrungen und Fragen, mit dem Glauben und dem Zweifel.
Wer Eigenes aufschreiben möchte, findet am Ende des Buches dafür Platz.

Ihnen wünsche ich ein spannendes und gesegnetes 2020.

Hameln, im April 2019
Tina Willms

JAHRESLOSUNG 2020:
Im Glauben: Zweifel – Im Zweifel: Glauben

Ich glaube; hilf meinem Unglauben!
MARKUS 9,24 (L=E)

So viele Stimmen in mir

(zu Markus 9,14-27)

Wieder und wieder passiert es: Der Junge fällt zu Boden, wie geschüttelt von einer fremden Macht verkrampft er sich, an den bläulichen Lippen bildet sich Schaum, und schließlich liegt er so starr da, als sei er tot. Hilflos steht der Vater daneben. Etwas Schlimmeres gibt es wohl kaum, als das eigene Kind so leiden zu sehen.
Wo andere unbefangen herumtollen, muss sein Sohn immer vorsichtig sein. Ständig ist jemand in seiner Nähe, um ihn zu schützen, damit er sich nicht selbst in Lebensgefahr bringt.

Was haben die Eltern wohl schon alles versucht? Von einem Arzt sind sie zum nächsten gelaufen. Gespannt und erwartungsvoll sind sie zu jedem gegangen, von dem es hieß, er könne Wunder bewirken, er könne sogar dieser unheimlichen Macht Einhalt gebieten.

Doch jedes Mal sind sie enttäuscht wieder nach Hause zurückgekehrt. Denn nichts und niemand haben dem Jungen geholfen.
Und doch: Es ist die Hoffnung, die zuletzt stirbt. Es muss irgendwo Heilung geben! Nur wo?

Jetzt steht der Vater vor Jesus und erzählt ihm von seinem Kind, das immer wieder zu Boden fällt.
„Ich habe schon die gefragt, die mit dir unterwegs sind“, sagt er, und seine Stimme klingt resigniert. „Aber auch sie konnten ihm nicht helfen.“
Jesus scheint verärgert zu sein über seine so machtlosen Jünger. Als hätten sie immer noch nicht verstanden, was der Himmel bewirken kann. Unwirsch sagt er dem Vater, er solle seinen Sohn herbeiholen.

Und gleich scheint die fremde Macht zeigen zu wollen, was in ihr steckt. Sie reißt das Kind zu Boden und schüttelt es durch.
Der Vater erzählt von all den Jahren, in denen er hilflos danebengestanden hat, von Wasser und Feuer, in die das Kind schon gefallen ist, von der Angst, dass die Krankheit es schließlich umbringen wird.

„Wenn du etwas kannst“, fleht er, „so erbarme dich unser und hilf uns!“

Und dann? Eine harte Antwort muss er sich anhören: „Wenn du kannst!“, wiederholt Jesus gereizt. Als sei er gekränkt von diesem besorgten Vater. Vorwurfsvoll klingt es, wenn er sagt: „Alle Dinge sind möglich dem, der da glaubt!“

Da löst sich in dem Vater, was sich all die Jahre angestaut hat, seine Hoffnung und die Enttäuschung, sein Vertrauen und die Skepsis, seine Liebe und die Verzweiflung.
Das ganze Hin und Her brüllt der Vater heraus, nein, da gibt es kein Entweder-oder, alles streitet zugleich in ihm.
„Ich glaube, hilf meinem Unglauben!“, schreit er.

Und endlich, endlich geschieht etwas. Jesus gebietet der unheimlichen Macht, den Jungen in Ruhe zu lassen. Die bäumt sich noch einmal auf und verschwindet dann.
Und der Junge liegt still da. Wie tot.
Entsetzt schauen die, die um ihn herumstehen, sich an.
Doch Jesus tut einen zweiten Schritt: Er ergreift die Hand des Kindes und richtet es auf.

Mich beeindruckt der Vater des todkranken Kindes, der so hartnäckig und ehrlich ist. Obwohl er verzweifelt ist, ja, fast resigniert hat, facht er den Funken Hoffnung, der bleibt, immer wieder an. Und auch als er den Glauben in sich wachsen spürt, steht er zu seinem Unglauben.

So bringt er die Ambivalenz zum Ausdruck, die einen durchschüttelt, wenn man spürt: Ich habe mein Leben nicht selbst in der Hand. Mir entgleitet die Kontrolle über mein Dasein, es erscheint mir wie von einer fremden Macht besetzt, die mir vorführt, wie zerbrechlich ich bin.

Und es tröstet mich geradezu, dass das Kind erst geheilt wird, nachdem auch Zweifel und Unglauben lautstark herausgeschrien werden durften.
Ich ahne: Wenn der Boden unter meinen Füßen zu wanken beginnt, dann muss ich nicht immer glaubensstark sein, schon gar nicht, damit Gott mich weiterhin liebt. Er hält mich aus, wenn ich mich selbst kaum aushalten kann: Wenn ich verletzlich bin und verzweifelt, wenn Skepsis sich breitmacht in mir, bleibt er doch treu.

Obwohl solche Ambivalenzen schwer auszuhalten sind, bin ich doch überzeugt, dass sich in ihnen auch Freiräume öffnen, in denen ich Neues entdecken kann.
Indem ich Spannungsfelder des Lebens anerkenne und auszuloten beginne, werden sich auch meine Einstellungen und Haltungen verändern. So wird es möglich, mich zu entwickeln und anders durch die Zeit zu gehen als vorher. Ja, vielleicht wird etwas heilen dürfen in mir.

Womöglich steht genau dafür das, was dem von der Fallsucht betroffenen Kind widerfährt, als es zu Boden fällt und die anderen es gar für tot halten: Da reicht Jesus ihm die Hand und richtet es auf.

Nein, die dunklen Seiten verschonen mich nicht. Möglicherweise falle ich oder erstarre gar. Aber auch das andere geschieht: Einer reicht mir die Hand und richtet mich auf. Ich spüre, wie das Leben zurückkehrt zu mir, um mich abzuholen für die Zeit, die Zukunft heißt.

Schlaflos

(zum gleichnamigen Gedicht von Michael Krüger)

Eine halboffene Tür,
durch die sich die Nacht drängelt,
um Ordnung zu schaffen.
In weiter Ferne fahren Züge vorbei,
jeder Waggon gleicht dem anderen.
Die Reisenden schlafen, keiner merkt,
daß einer ausgestiegen ist.
Der steht jetzt an meinem Fenster,
um aus einer ungehorsamen Seele
ein kostbares Gefäß zu formen.
Er braucht viel Wärme.
Die Geschichte braucht mich nicht.
Sie stolpert schlaflos weiter,
mit Kitsch und mit Gloria.
Aber ich bin das Gefäß,
bis an den Rand gefüllt mit Zweifel.
Das ist die Lektion der Nacht.

(Krüger, Michael: Schlaflos, aus: Umstellung der Zeit. Gedichte
© Suhrkamp, Berlin 2013, S. 59.)

Einer liegt wach in der Nacht. Ich stelle mir vor, er ist an der Schwelle zum Schlaf, dort, wo auch Unwirkliches möglich erscheint, weil sich schon die Träume in das Niemandsland zwischen Bewusstem und Unbewusstem schleichen.
Aber so richtig einschlafen kann er nicht, zwar drängelt die Nacht durch die Tür, um im diffusen Zwielicht Ordnung zu schaffen. Doch der Mensch kann sich ihr nicht überlassen.

Wer weiß, was ihn daran hindert, in den Schlaf zu finden? Vielleicht hatte er einen Tag, der noch nach ihm greift mit dem, was gewesen ist. Vielleicht beschäftigt ihn ein Problem. Oder aber er kämpft mit Ängsten und Zweifeln. An sich selbst. Am Sinn des Lebens. An dem, den wir Gott nennen.

Da hört er in der Ferne den Zug. Der fährt dort wohl immer um diese Zeit vorbei. Heute aber nimmt der, der wach liegt, ihn wahr.
Die Reisenden schlafen, so wie jene, die sich sicher fühlen, auch in der Nacht. So bemerken sie nicht den einen, der nicht zur Ruhe gekommen ist und nun den Zug verlässt.
Am Rande des Schlafes, diesem Land, in dem vieles möglich erscheint – und es darum wohl auch ist –, besucht dieser Reisende nun den, der noch wach liegt, und steht plötzlich als unheimliche Gestalt am Fenster. Ein Nachtgespenst, vor dem man sich gruseln könnte.
Doch der Fremde erweist sich als Freund, gekommen, um einer „ungehorsamen Seele" eine Gestalt zu verleihen.

Was macht diese Seele aus, dass sie als „ungehorsam" bezeichnet wird? Es scheinen vor allem ihre Zweifel zu sein. Dafür ist sie wohl schon oft angegangen, kritisiert, vielleicht auch beschimpft und heruntergemacht worden.

Der Fremde aber verhält sich anders. Er weist sie weder zurecht noch zurück, diese „ungehorsame Seele". Auch wischt er ihre Zweifel nicht fort oder zerstreut sie.
Nein, er würdigt und stärkt sie.
Ausgerechnet diese Seele, die andere vielleicht als „verloren" bezeichnen würden, formt er zu einem kostbaren Gefäß. Und dazu braucht er viel Wärme.

Ich stelle mir vor, wie diese Wärme sich ausbreitet im Raum, wie sie den Schlaflosen durchfließt und verändert. So wie es geschehen kann, wenn einer das ansieht und würdigt, was sonst so oft zurückgewiesen wird.

Die Zweifel, das Grübeln, beides verschwindet gar nicht. Aber es wird schön unter dem Blick dessen, der am Fenster steht. Denn für den Zweifel braucht es ein ganz besonderes, ein ausgesprochen kostbares Gefäß. Und der Mensch kann sich selbst anders ansehen als vorher.

Der Zweifler

Nein, er könne nicht glauben;
er sei anders erzogen worden.
Religiös unmusikalisch.

Und wolle doch nicht leben,
ohne sie, die so unbefangen
ihre Gebete gen Himmel schickten.

Ihre Lieder wolle er hören,
die gegen das, was vor Augen sei,
sängen von einer anderen Welt.

Und lesen wolle er von jenen,
die unerschrocken einträten
für die Ärmsten der Armen.

Einmal sei er angesehen worden,
als sei auch er ein Angenommener
bis auf den Grund seines Wesens.

Wem solche Schönheit begegnet sei,
dem bleibe die Sehnsucht
ein Leben lang.

Antworten

Antworten aus der Bibel … so war eine Karte überschrieben, die mir vor langer Zeit einmal ins Haus flatterte.
Ob gestresst oder ängstlich, depressiv oder trauernd, zu ehrgeizig oder angespannt, für jede Lebenslage gab es eine Bibelstelle mit einem vermeintlich ultimativen Rat.
Ich muss sagen, ich mag es nicht, wenn jemand auf alles eine Antwort hat. Mit schnellen Erwiderungen oder klugen Ratschlägen kann man sich die Sorgen des anderen ganz gut vom Leib halten. Man nimmt ihn so jedoch in seiner Situation nicht ernst.
Hilfreicher ist es, einem Menschen genau zuzuhören. Warum ist er so angespannt, was drückt ihn nieder, was steckt hinter seiner Angst?
Leicht ist das nicht, mich wirklich einzulassen auf die Person mir gegenüber. Ihre Fragen zu hören, ihre Ängste auszuhalten, ihre Zweifel zu ertragen. Und so gemeinsam mit ihr auf dem Weg zu sein, auf dem sie vielleicht nach und nach ihre eigene Antwort entwickeln wird.

Und die Bibel? Für mich hält sie viel mehr eine individuelle Wegbegleitung bereit als schnelle Rezepte, die mir das Leben leicht machen. Ich lese darin von Menschen, die Ähnliches erlebt haben wie ich.
Ich erfahre, wie sie Gott wahrgenommen haben: Als einen, der sie begleitet oder hinterfragt, bewahrt oder herausgefordert hat. Manchmal stoßen die alten Texte in mir etwas an. Sie verändern mich. Oder geben meinem Tag eine andere Richtung. Das kann ganz unerwartet geschehen.
Vielleicht erleben es so auch die Menschen, die es gelegentlich in eine Kirche zieht. Sie setzten sich in eine der Bänke und lassen die Stille auf sich wirken. Oder sie besuchen im Urlaub nach vielen Jahren zum ersten Mal wieder einen Gottesdienst.
Sie kommen so, wie sie sind: mit ihrem Glück und ihren Sorgen, mit ihrer Angst, mit Sehnsucht und Fragen. Sie schweigen, beten, zweifeln, danken, weinen.

Fertige Auskünfte auf ihre Fragen erhalten sie nicht. Und doch vermute ich, dass manche von ihnen anders aus einer Kirche herauskommen, als sie hineingegangen sind. Der Raum weitet von innen, ein Wort klingt nach, eine Erinnerung kehrt zurück, ein Gebet bleibt dort.

Nein, der Kontakt mit der Welt des Glaubens, sei es durch ein Bibelwort oder auch den Besuch einer Kirche, gibt oft keine klaren Antworten auf existenzielle Fragen. Meistens verändert er nicht auf einen Schlag das ganze Leben. Manchmal aber setzt er einen kleinen Anfangspunkt – hinterfragend, tröstend oder rückenstärkend – aus dem sich etwas Neues und Gutes für das Leben entwickelt.

In der Kirche

Wieder einmal beten
gegen den Widerspruch
in sich selbst
wortlose Briefe
an den Altar legen.

Ungewiss, allein
auf Gutglauben,
dass einer sie sammelt,
hütet, liest.

Gebet: Dein unergründliches Reich

Ich glaube, hilf meinem Unglauben,
wenn ich am Morgen die Zeitung lese.
Manchmal zornig und manchmal verzagt
werfe ich dir das verletzliche Leben vor.

Ich glaube, hilf meinem Unglauben,
wenn ich am Tage den Menschen begegne,
schenk mir einen offenen Blick
für das, was mir möglich ist.

Ich glaube, hilf meinem Unglauben,
wenn ich am Abend zur Ruhe komme.
So viel wäre zu tun, und die Erde
dreht sich, als sei nichts gewesen.

Ich glaube, hilf meinem Unglauben,
dass du aufrichten wirst
dein unergründliches Reich
mitten unter uns Menschen.

Neues ist möglich

Ob es ein Zufall ist, dass der Beginn eines neuen Jahres in den Winter fällt? Irgendeiner muss das doch irgendwann festgelegt haben. Ob es ein Mensch war, der auf der Nordhalbkugel lebte, weit entfernt vom Äquator? In einem Land, in dem der Winter das, was gestern vor dem Fenster war, über Nacht in eine andere Landschaft verwandelt?

Und diese verwandelte Landschaft bringt Bilder mit sich, die wie Metaphern sind für ein neues Jahr.

Schnee ist gefallen: Ein weißes, glänzendes Feld liegt vor mir, ohne jegliche Spur. Jeder Weg scheint noch möglich zu sein. Ich kann prägen und gestalten, was vor mir liegt.

Raureif kleidet die Welt in ein neues Gewand. Er hebt Details hervor, die vorher unscheinbar waren. Gerade das, was im Schatten liegt, kommt nun groß heraus.

Der See ist zugefroren, ein dunkler Spiegel, der mich lockt, auch dem zu vertrauen, was unwägbar ist und zerbrechen kann.

Über allem ein manchmal gleißendes, manchmal sanftes Licht. Es hebt an den kalten und frostigen Tagen die Schönheit hervor wie eine Verheißung.

„Siehe, ich mache alles neu!“, verspricht Gott im letzten Buch der Bibel (Offb 21,5 L). Die winterliche Welt unterstützt seine Zusage.

Als wolle sie Mut machen, ihm zu vertrauen am Anfang eines neuen Jahres.

Segenswunsch: Zum neuen Jahr

Schau da:
Ein neues Jahr,
es wartet schon auf dich.

Ich wünsche dir,
dass du ihm
hoffnungsvoll begegnest.

Dass du die Tage,
die es schenkt,
mit Leben füllst.

Dass Glück
und Lachen
dich besuchen.

Und vom Himmel
reichlich Segen
auf dich regnet.

JANUAR:
Einer wartet und bleibt

Gott ist treu.
1. KORINTHER 1,9 (L)

Flötentöne

Einmal spazierte ich durch die Stadt, um Ausschau zu halten nach Gott. Die Menschen erschienen mir wie immer: Einige eilten vorbei, eine Tasche am Arm, andere schlenderten, blieben vor einer der Skulpturen stehen oder blickten in die Auslage eines Schaufensters. Beim Bäcker saßen zwei ältere Männer, einer kaute an einem Käsebrötchen, der andere trank einen Kaffee.

Die Häuser standen unverrückt. Auch der Brunnen schien von Alltäglichem zu plappern.

Ich ging in die große Kirche am Markt. Unschlüssig schlenderte ich durch die Bankreihen, als wäre ich auf der Suche nach etwas. Und das war ich ja auch.
Ich fand einen Flyer, er lud ein zu einem schon vergangenen Konzert. In der eisernen Erdkugel brannten drei Kerzen. Vor dem Altar blieb ich

stehen. Dort mühte sich eine Hortensie, ihr Verblühen hinauszuzögern. Doch unter ihr lag auf dem hellen Leinentuch schon ein bräunliches Blatt. Darüber hing an einem Kreuz hölzern die Christusfigur und schwieg.

Selbst auf den Glockenturm stieg ich. Vielleicht kommst du dem Himmel näher, je höher du kletterst, sagte eine Hoffnungsstimme in mir. Ich ging über den Deckengewölben der Kirche, sah Staub und Taubendreck, erklomm noch drei Stiegen und öffnete die hölzerne Klapptür. Forschend blickte ich mich um. Unten lag winzig der Marktplatz, über dem Fluss hing eine schwere Wolke, es würde wohl bald Regen geben.

Ich stieg hinab, verließ die Kirche und entschied mich, wieder nach Hause zu fahren. Da drangen Töne an mein Ohr, zerfasert und zerweht. Ich beschloss, ihnen nachzugehen, meinte ich doch, sie zu kennen. Die Richtung stimmte, die Musik wurde deutlicher. Auch wurde vernehmbar, dass sie von einer Blockflöte stammte.

Ich ging um eine Hausecke, da sah ich ihn. Ein Mann in abgerissenen Kleidern, er saß auf dem Straßenpflaster, neben sich einen Hund, vor sich einen Becher aus Blech. Einer warf eine Münze hinein. Es schepperte. Dann erkannte ich die Melodie. Ein altes Kirchenlied, als Konfirmandin hatte ich es auswendig gelernt. Mitten in der Fußgängerzone spielte ein offensichtlich obdachloser Mann: „Gott ist gegenwärtig!“

Vor dem Spiegel

(zu Psalm 139)

Heute war es
wieder so weit.

Ich sah in den Spiegel,
da hielt er mir
mich selbst vor.
Ich musterte meine Angst,
erblickte Missgunst und Zorn.
Und entdeckte,
wie gleichgültig ich bin,
achtlos und abgestumpft.
Ich fand mich so hässlich,
dass ich erschrak.

Da wollte ich fliehen
vor deinem Angesicht.
Geh weg, sagte ich,
lass mich in Ruhe.
Und du zogst dich taktvoll zurück.

Doch:
In den Bäumen flüsterte der Wind.
Wolken wanderten lautlos die Erde entlang.
In Sonnenblumen leuchtete dein Antlitz.
Und von ferne gingst du
mir durch die Gedanken.
Da gaben sie endlich Ruhe.
Stille entstand in mir.

Selbst der Spiegel schwieg.

Am Ende
bin ich noch.
Immer bei dir.

Anders gesagt: Gottesdienst

Gottesdienst: Gott dient den Menschen.
Sie werden schön, weil ihnen seine Liebe begegnet.

Das Segenslicht seines Antlitzes liegt noch auf ihren Gesichtern.
In ihnen summt langlebig ein Lied.
Sie gehen aufrechter als vorher.
Auf ihrer Zunge liegt ein freundliches Wort.
Himmlischer Frieden pocht als Herzschlag in ihnen.
Gottes Treue tragen sie durch die Kirchentüren hinaus in ihre Stadt.

Gebet: Geduld

Geduldiger Gott,
deine Treue übersteht meine Fragen
und überdauert meine Zweifel.

Über die Zeiten, in denen ich
dir gegenüber gleichgültig bin,
trägt mich deine Liebe hinweg.

Wenn ich mich von dir entferne,
so hütest du doch die Hoffnung,
dass ich zurückkehre zu dir.

Ja, selbst wenn ich bestreite,
dich je gekannt zu haben,
wartest du noch auf mich.

Einer wacht in der Nacht

In Frieden leg ich mich nieder und schlafe;
denn du allein, HERR, lässt mich sorglos wohnen
Psalm 4,9 (E).

Abend für Abend habe ich unseren Sohn ins Bett gebracht, als er noch klein war. Wir haben ein Bilderbuch angeschaut, ein Lied gesungen und die alten Worte gebetet: „Müde bin ich, geh zur Ruh, schließe meine Augen zu. Guter Gott, die Augen dein, lass über meinem Bettchen sein. Amen."

„Wie hütest du mich noch mal?", fragte der Kleine. „Wie meine Ohrmuschel", sagte ich. Er schüttelte den Kopf. „Wie meine Haarspitzen." Wieder ein Kopfschütteln. „Wie meinen Augapfel", antwortete ich. Er nickte und lächelte zufrieden.

Eine Weile saß ich dann noch am Bett, seine kleine Hand in meiner. Sah zu, wie sein Blick in die Ferne wanderte, ganz weit weg, ins Land der Träume. Auch seine Beine kamen zur Ruhe, die Hand wurde immer schwerer. Er atmete langsam, regelmäßig und tief. Die Lider fielen ihm zu, dahinter rollten die Augen nach oben. Schließlich gewann der Schlaf die Oberhand. Ich legte seine Hand auf die Bettdecke, ganz entspannt war sie. Ebenso sein Gesicht. Dann drückte ich noch einen Kuss auf seine Nasenspitze und ging hinaus.

Kinder haben es gut, denke ich manchmal, ihnen fällt das Einschlafen meistens nicht schwer. Doch wenn ich im Bett liege, kommen oft die Gedanken. Wie Nachtgespenster umschwirren sie mich. Was am Tag gewesen ist, fällt mir ein. Dazu das, was ich morgen machen muss. Nein, nicht nur morgen, manchmal sogar alles, was in den nächsten Wochen und Monaten anliegt. Wie ein Berg erhebt es sich vor mir, und ich wälze mich hin und her. An Schlafen ist dann nicht mehr zu denken.

Was kann mir helfen, den Tag loszulassen, mich in Frieden niederzulegen und mich fallen zu lassen in den Schlaf?

Nicht nur Kindern tun Rituale gut, auch Erwachsenen helfen sie, zur Ruhe zu kommen: Musik hören, Waschen, Zähneputzen, einen Schluck trinken.
Vielleicht kann ich mir vorstellen, dass ich mit meinen Kleidern auch das Tagwerk beiseitelege. Wenn es mir hilft, lese ich noch ein paar Seiten und tauche ein in eine andere Welt.

Lösche ich dann das Licht, stelle ich mir vor, dass Gott so für mich da ist wie ein Vater oder eine Mutter. Ich will versuchen, mich ihm anzuvertrauen und zu überlassen. Immer gelingt mir das nicht. Manchmal halten mich die Sorgen zu fest. Oder ich sie.
Oft aber befreit es mich, auszusprechen, was mich belastet und worum ich mich sorge. Ich bitte für die, die mir am Herzen liegen. Und danke für das, was schön war und gutgetan hat.
Dabei stelle ich mir vor, dass Gottes Hände mich halten. Behutsam und doch fest, zärtlich und doch voller Kraft. Ich kann mich fallen lassen, mich bergen bei ihm.
Es tut mir gut zu spüren: Ich bin nicht allein. Da ist ein Größerer, der mit mir geht. Was immer auch sein wird, er hält mich, er wacht über mir und der Welt.

Segenswunsch: Gottes Treue

Der Boden,
der dich jeden Morgen trägt.
Die Hand,
die sich auf deine Schulter legt.
Die Welle,
die dich über Tiefen hebt.
Die Liebe,
die noch bleibt, wenn Leben geht.

Ich wünsche dir
ein gutes Gespür
für die Weisen,
in denen Gottes Treue
dir begegnet.

FEBRUAR:
Ins Freie gerufen

Ihr seid teuer erkauft;
werdet nicht der Menschen Knechte.
1. KORINTHER 7,23 (L)

Würde und Wert

Wie teuer ist ein Mensch?

Der amerikanische Anwalt Kenneth Feinberg errechnet nach einer Katastrophe den Wert der Menschen, die dabei ums Leben kamen. Er ermittelt, was ein Verstorbener noch hätte erwirtschaften können. Daraus ergeben sich Entschädigungszahlungen für seine Hinterbliebenen. So erhalten die Angehörigen eines Börsenmaklers weitaus höhere Summen als etwa die eines Kellners.
„Playing God", übersetzt „Gott spielen", heißt ein Film über Kenneth Feinberg, der selbst über seine Arbeit sagt:
„Mit Gerechtigkeit oder Fairness hat das, was ich mache, nichts zu tun. Ich bezeichne es als Gnade. Es ist schlicht und einfach die Art und Weise, wie unser kapitalistisches System Schmerz lindert." (Zitiert nach: www.fr.de/panorama/vollstrecker-muede-11035399.html, Zugriff am 25.02.2019.)

Dass das nicht ausreichend ist, weiß Feinberg. Und damit ist er nicht allein. Bei vielen Menschen lösen seine Berechnungen Empörung aus. Sie empfinden diese Methode, mit der eine geldorientierte Leistungsgesellschaft den Preis eines Menschen ausrechnet, als unzureichend, ja manchmal als geradezu zynisch.

So zu rechnen, das Leben des einen zu vergleichen mit dem des anderen, das stünde tatsächlich wohl nur Gott zu.
Paulus sagt, dass Gott jedoch genau das nicht tut. Er sieht uns vielmehr mit den Augen der Liebe an. Vor ihm sind sprichwörtlich „alle Menschen gleich“, „teuer erkauft“. Jeden Einzelnen nimmt er heraus aus Strukturen, die ihn zur Ware machen, und befreit ihn so aus den Gesetzen des Marktes. Sein Leben ist nicht aus- oder umzurechnen in börsennotierte Währungen. Es ist unbezahlbar.
Vor Gott sind wir darum weder Sklaven noch Knechte. Wir sind frei.

Und diese Freiheit, so Paulus, soll sichtbar und spürbar sein in der Gemeinde. Hier soll ein Ort sein, an dem Gott ins Spiel kommt, auf eine befreiende Weise.

„Gott spielen“ ließe sich dann anders verstehen, als es der Film „Playing God“ macht:

In der Gemeinde Gottes listet niemand die Menschen von oben nach unten in ihrem Marktwert auf. Nein, hier sehen die einen die anderen so an, wie Gott es tut. Als freie und gleichberechtigte Geschwister. Hier erhalten auch jene Würde und Wert, für die man nach Kenneth Feinbergs Berechnungen keinen Pfifferling mehr geben würde.

So bildet die Gemeinde einen Gegenentwurf zu einer Gesellschaft, die kühl kalkuliert, was sich mit einem Menschen verdienen ließe. Und wer weiß? Vielleicht wird sie über sich hinauswachsen und die Sehnsucht wecken, Gottes befreiendes Spiel mitzuspielen.

An vielen Orten geschieht das bereits, ökumenisch, gemeinsam mit anderen, die ebenfalls Menschen aus den Gesetzen des Marktes befreien wollen.

In unserer Stadt etwa steht ein Haus, in dem wohnungslose Menschen unterkommen können. Hier werden sie geachtet, Bett und Dusche stehen bereit, und wer möchte, kann sich beraten lassen.

Ein Hospizverein bildet Ehrenamtliche aus, die Sterbende begleiten. Auch wer gebrechlich und schwach geworden ist, wird liebevoll angesehen, bis zum letzten Atemzug.

Andere setzen sich überregional dafür ein, dass Würde und Wert jedes Menschen auch strukturell und gesetzlich verankert werden:
Journalisten etwa decken in einer Fernsehreportage auf, wie auch heute noch Arbeiter aus Osteuropa in deutschen Schlachthöfen ausgebeutet, ja geradezu versklavt werden. Ihre Pässe werden ihnen abgenommen, sie arbeiten fast rund um die Uhr und müssen von ihrem Hungerlohn noch für verwahrloste Zimmer bezahlen, die sie mit fünf anderen teilen.

Gott spielen: Ja!
Andere befreien vom kalten Blick, der ihr Leben umrechnet in klingende Münze. Einander anschauen mit den Augen Gottes, dem jeder Mensch lieb und teuer ist als ein einzigartiges, ja unbezahlbares Wesen.

(www.daserste.de/information/wissen-kultur/ttt/sendung/ttt-28012018-playing-god-100.html, Zugriff am 25.02.2019.)

Die Namen Gottes

Erfolg ist keiner der Namen Gottes.
(Martin Buber)

Auch Effizienz, Profit, Gewinnmaximierung
sind keine der Namen Gottes.
Wirtschaftswachstum nicht,
nicht Börsenkurs oder Humankapital.

Wellness ist keiner der Namen Gottes,
obwohl – so glaube ich – er
nichts dagegen hat,
wenn wir gelegentlich
glücklich sind.

Ich bin, der ich bin,
ist einer der Namen Gottes.
Liebe bin ich, Barmherzigkeit,
Hingabe, Gnade.

(Zitat von Martin Buber aus: Frankfurter Hefte 6, 1951, S. 195f.)

Frei sein

Ich muss nicht mehr
um die goldenen Kälber tanzen:

Leistung, Geld, Jugend,
Schönheit oder Macht.

Ich ziehe die Schuhe aus
und reibe die schmerzenden Füße.

Wie gut es tut, auszuruhen
und frei zu sein.

Der Bückeberg bei Hameln

Ein grüner Hügel, auf dem Schafe grasen. In der Mitte etwas, das wie ein Weg aussieht. Und drum herum einige Bäume.
So sieht der Bückeberg oberhalb der Weser in der Nähe von Hameln heute aus.
Von Weitem erkennt man es nicht mehr, dass dort zwischen 1933 und 1937 eines der größten Propagandaunternehmen der Hitlerzeit stattfand. Das sogenannte Reichserntedankfest.

Als „Kunst" verstand Joseph Goebbels, der es plante, sein Tun. Das Volk sah er als zu formende Masse an, wie es für den Bildhauer der Stein sei. Ziel war es, vor allem Bauern und die ländliche Bevölkerung zum Nationalsozialismus zu verführen. Was ein Volksfest zu werden versprach, erwies sich faktisch als Massenkundgebung und Machtdemonstration.

Albert Speer, der Architekt, plante detailliert, wie die Verführung gelingen könne. Er ließ das Gelände neu formen, muldenartig, sodass jeder, der in der Menschenmasse stand, die anderen sehen und sich als Teil eines gigantischen Ganzen empfinden konnte. In der Mitte entstand ein Weg, einen halben Meter erhöht, auf dem Hitler durch die Massen zunächst den Berg zur Ehrentribüne hinaufschritt und später wieder hinab zur Rednertribüne.

Anfangs wurde das Fest noch vordergründig mit „christlichem" Bezug zelebriert, und man scheute sich nicht, inmitten dieser völkisch ausgerichteten Feier das Lied „Großer Gott, wir loben dich" anzustimmen. Später gab man diesen Versuch auf.
Über dem, was einem Altar ähneln sollte, prangte ein riesiges Hakenkreuz und entlarvte, wer hier als Gott verehrt und angebetet wurde.

In der nationalsozialistischen Ideologie wurden Menschen entwertet, zunächst die, die nicht zum „Volk" gehören sollten: Juden und Roma,

Sozialisten und Kommunisten, Homosexuelle. Aber auch der „dazugehörende" Einzelne wurde nivelliert: Er hatte sich dem großen Ganzen unterzuordnen, musste sich einfügen in seine Zwänge und hatte dem „Führer" unbedingten Gehorsam zu leisten. So wurde er zur verwendbaren Verfügungsmasse.
Auch bei den Reichserntedankfesten wurden Menschen unter Druck gesetzt, teilzunehmen: Anwohner mussten ihre Häuser und Dörfer mit Girlanden und Hakenkreuzfahnen schmücken, um Hitler gebührend zu empfangen.

Der Historiker Bernhard Gelderblom setzt sich dafür ein, dass der Bückeberg ein Ort des Gedenkens wird. Er zeigt in seiner Dokumentation über diesen Platz den Sog der Propaganda auf; die Verführung, zu der sie fähig ist.

So wird deutlich: Sich nicht knechten zu lassen erfordert einen wachen Blick: Wo wird ein Mensch zum göttlichen Heilsbringer überhöht? Wo werden Machtstrukturen geschaffen, die keinen Raum für Andersdenkende lassen? Wo wird die Maschinerie der Propaganda in Gang gesetzt? Wo werden Menschen verführt, entwertet, geknechtet oder versklavt?

Und auch das hat die Zeit des Nationalsozialismus gezeigt: Sich eine innere Freiheit zu bewahren, ja vielleicht sogar Widerstand zu leisten, ist gefährlich. Gerade in einer Diktatur zahlen Menschen dafür einen hohen Preis.

Die Gegner der selbsternannten Götter werden schikaniert, verfolgt, eingesperrt und gequält. Viele, die sich nicht unterwerfen, bezahlen es mit dem Leben. Nicht nur damals. Auch heute noch.

(Gelderblom, Bernhard: Die NS-Reichserntedankfeste auf dem Bückeberg 1933-1937. Aufmarsch der Volksgemeinschaft und Massenpropaganda © Verlag Jörg Mitzkat, Holzminden 2018, S. 40.
Ein Film über den Bückeberg findet sich hier: www.youtube.com/watch?v=vpLOPn_pxuk, Zugriff am 25.02.2019.)

Gebet: Unbezahlbar

Guter Gott,
so leicht fühlt sich mein Leben an
in der unbezahlbaren Freiheit,
die du mir schenkst.

Gib mir ein Gespür für das,
was mich anketten will
mit den Fesseln von gestern und heute.

Hilf mir zu erkennen,
wo ich mich verstricke
oder mich knechten lasse.

Stärke mich auf dem Weg,
mich zu lösen von dem,
was mich unfrei macht.

Von dir geliebt zu sein
verleiht mir Würde und Wert.
Dafür danke ich dir.

Segenswunsch: Köstliche, kostbare Freiheit

Ich wünsche dir,
dass du an jedem Morgen
die köstliche Freiheit kostest,
die Gott dir schenkt.

Und dass du dich,
so gestärkt,
auf den Weg machst,
um in die Fußstapfen Jesu zu treten,
der nicht mit der Peitsche
hinter dir hergeht,
sondern als Vorbild voran.

Um heimzuholen,
die verirrt sind,
zu lösen,
die gebunden sind,
und loszukaufen,
die versklavt sind.

Um Menschen zu befreien
zur Freiheit der Kinder Gottes.

MÄRZ:

Wach bleiben – Wache halten – Wachsam sein

Jesus Christus spricht: Wachet!
MARKUS 13,37 (L)

Die Liebe hüten

Ein Hausherr verlässt sein Haus und vertraut es seinen Knechten an; wann er zurückkehren wird, sagt er ihnen nicht. Im Kontext der endzeitlichen Rede im Markusevangelium wird dieses Bild zu einer Mahnung mit fast drohendem Unterton:
Darum seht euch vor! Wachet! Jederzeit könnte der Hausherr zurückkehren. Keinesfalls soll er die Knechte dann schlafend vorfinden.

Gerade solche Texte wurden und werden noch benutzt, um Menschen unter Druck zu setzen: Bekehrt euch, morgen könnte es schon zu spät sein! Bekennt eure Sünden, damit ihr euch nicht in der Hölle wiederfindet, wenn der Herr plötzlich kommt!
Im Mittelalter etwa verstärkte man solche Aufrufe noch, indem man diese Hölle mit schaurigen Bildern beschrieb. Ablassbriefe wurden verkauft. Die Kirchenobersten versprachen den Menschen, dass sie ihre Verstorbenen so von den Qualen des Fegefeuers befreien konnten. Ein blühendes

Geschäft, mit dem die Kirche u. a. den Bau des Petersdoms in Rom finanzierte.

Mir ist ein Glaube suspekt, der nur auf das individuelle und vor allem eigene Seelenheil aus ist. Und einer Kirche, die aus der Angst der Menschen Kapital schlägt, um sogenannte „Häuser Gottes" zu errichten, möchte ich nicht angehören.

Was aber könnte noch gemeint sein mit der Aufforderung „Wachet!"?
Ich habe eine andere Szene vor Augen, in der Jesus ähnliche Worte zu seinen Freunden sagt.

Ich sehe ihn mit seinen Jüngern in Jerusalem einen Garten betreten, den Garten Gethsemane. Er ist verzweifelt, als sähe er seinen Tod schon kommen, und er will hier, am Fuße des Ölbergs, beten.
Seine Jünger lässt er zurück, drei von ihnen gehen noch ein kleines Stückchen mit, bis Jesus sie bittet: Bleibt hier und wachet mit mir!
Dann geht er allein weiter, um mit dem, was ihm bevorsteht, und auch mit Gott zu ringen.
Als er zurückkehrt, schlafen die Jünger. „Vermagst du nicht eine Stunde zu wachen?", fragt Jesus seinen Freund Petrus enttäuscht.
Dreimal wiederholt sich das Ganze. Jedes Mal findet Jesus seine Freunde schlafend vor.
Tatsächlich, sie vermögen es nicht, wach zu bleiben (Mk 14,32 ff.). Der Evangelist Lukas findet eine Erklärung: Jesus, so schreibt er, „fand sie schlafend vor Traurigkeit" (Lk 22,45 L).

Mir machen diese Begegnungen deutlich, was Jesus meint, wenn er sagt: „Wachet!"
Er bittet seine Jünger und heute auch uns, die Liebe zu hüten, dieses hauchzarte Zelt, in dem Gott selbst wohnt. Auf diese Weise passen wir auf Gott auf, überall dort, wo er gefährdet ist.

Die Szene im Garten Gethsemane zeigt zugleich die menschlichen Möglichkeiten realistisch auf:

Keiner kann immerzu wachen, schon gar nicht allein. Wachablösung tut not, um sich ausruhen zu können.
Es gibt auch Zeiten, da eigne ich mich nicht zum Wachen, weil ich erschöpft bin von Trauer, Sorge oder Angst.
Dann wieder fühle ich mich stark und erfüllt von frischer Kraft.

„Wachet!“ Gott ist ein Angewiesener. Er braucht uns, um sein Haus zu hüten.
Dabei geht es nicht zuerst um die Gebäude, schon gar nicht um solche, in denen die Höllenangst der Menschen zu Stein geworden ist.
Es geht um die menschgewordene Liebe, in der Gott selbst wieder und wieder sein Leben riskiert.

Wer diese Liebe hütet, hat nicht zuerst die eigene Erlösung in einer jenseitigen Welt im Blick. Die Liebe befreit ja gerade davon, in der Sorge um das persönliche Seelenheil um mich selbst kreisen zu müssen, als sei ich der Nabel der Welt.

Auch darf ich mich erholen, wenn ich müde bin. Dann sind andere da, die übernehmen.

So wie es in einem Abendlied beschrieben ist:

„Der Tag ist um, die Nacht kehrt wieder, auch sie, o Herr, ist deine Zeit.
Dich preisen unsere Morgenlieder, dir sei die Stille nun geweiht.
Wie über Länder, über Meere, der Morgen ewig weiterzieht,
tönt stets ein Lied zu deiner Ehre, dein Lob, vor dem der Schatten flieht.“

Es ist ein Wechselspiel:
Ich hüte das anvertraute Haus nach meinen Kräften. Und wenn ich erschöpft bin, ruhe ich mich aus, und vertraue es anderen an.

Ich halte Gott in der Welt.
Und lasse mich halten durch seine Liebe, diese von Menschen gehütete Macht.

(Höppl, Karl Albrecht (Text): Die Nacht ist um, der Tag kehrt wieder, nach dem englischen „The Day Thou Gavest, Lord, Is Ended“ von John F. Ellerton, aus: Evangelisches Gesangbuch, je nach Kirchensprengel, 490, 1-2.)

Gebet: Ein Zuhause für die Liebe

Gott,
wo die Liebe gefährdet ist,
bist auch du in Gefahr.
Auch ich,
mit meiner kleinen Kraft,
bin gefordert,
um dich zu hüten.
Lass mich an dem Platz,
der meiner ist,
dir ein Zuhause geben,
damit die Liebe,
in der du selbst wohnst,
sich geborgen fühlen
und gedeihen kann
unter meiner Obhut.

Das Fenster

Eben angekommen in Jerusalem macht der Journalist Wolfgang Büscher sich gleich wieder auf den Weg. Denn es ist die Stunde der Abenddämmerung, jene Zeit, in der sich ihm einmal dort in Jerusalem ein Anblick geboten hat, den er seitdem nie mehr vergessen hat.

Er sah ein Fenster, sah einen erleuchteten Raum. Dort war der Tisch festlich gedeckt. Bald würden Menschen das Zimmer betreten und sich setzen zu einem Schabbatmahl.

Jemand wollte es so, ihm war diese Stunde heilig. Er hatte sich verlassen auf die alten Überlieferungen, die längst in Auflösung begriffen schienen. Und hatte sich herausgenommen aus dem rasanten Takt, den die Uhren vorgeben, hatte alle Hektik und ebenso alle Bedenken beiseitegelassen. Nun waren die Speisen vorbereitet und der Tisch gedeckt. Und dem, der das Fenster heimlich betrachtete, zeigte sich ein aus der Zeit gefallenes Bild, das sich doch jeglicher Auflösung zu widersetzen schien.

Gleich würden die Eingeladenen den Raum betreten, die Welt stünde still, wäre heil für diesen Moment.

Erschrocken zog der Autor sich in die Dunkelheit zurück, damit man ihn nicht entdeckte. Aber, so beschreibt er es, er habe den Anblick als Bild aus dem Rahmen geschnitten und es mitgenommen.
Nun trägt er es in sich, als unvergesslichen Abdruck in der Erinnerung, der Sehnsucht auslöst.

Und so macht der nach Jerusalem Zurückgekehrte sich auf, Abend für Abend streift er durch die Gassen und sucht dieses eine Fenster.
Doch er findet es nicht. Immer wieder kehrt er enttäuscht in seine Herberge zurück. Und schließlich gibt er die Suche auf.

Die Überlieferung, so scheint mir, ist auch ein aus dem Rahmen geschnittenes Bild. Wenn Menschen es zum Leben erwecken, knüpfen sie daran an, sie holen in die Gegenwart, was es ihnen zeigt, und bringen die Erinnerung zum Funkeln.
Sie werden dadurch den Urzustand nicht wiederherstellen, er bleibt ja lang vergangen. Aber in der Wiederholung kommt er ihnen nah.

Nein, das Fenster gibt es nicht mehr. Aber es gibt die Erinnerung daran.
Das aus dem Rahmen geschnittene Bild.
Und es gibt die Wiederholung. Immer wieder ist einer da, der es so will.
Er deckt den Tisch, lädt andere ein.

In Jerusalem zu einem Schabbatmahl.
In vielen Städten der Welt zum Fastenbrechen.
In den Kirchen zum Abendmahl.

Gemeinsam zu essen stiftet Freundschaft und Frieden. Vielleicht können wir Menschen auf diese Weise Gott treu sein, bei ihm bleiben, wachen und ihn retten vor dem Vergessen. Wir essen und trinken zu seinem Gedächtnis, bringen die Erinnerung an ihn zum Funkeln und wecken die Sehnsucht nach Himmelsbrot.

(Büscher, Wolfgang: Ein Frühling in Jerusalem © Rowohlt, Berlin, 3. Auflage 2014, S. 17 f.)

Gethsemane

Auch heute
geht er
durch Gethsemane,
an jeden Ort,
wo ein Mensch
am Boden ist,
ausgeliefert,
allein.

Unter den Trümmern
von Häusern und Leben
ist er.
Und ist
auf schwankenden Booten
mitten im Meer.

In den Dunkelkammern
hinter den Bildern des Darknets
ist er.
Und ist
in den Hütten
der Versklavten von heute.

Auch heute
bittet er,
verzagt und verzweifelt,
ihm und allen
nahe zu bleiben
in den unerträglichsten Stunden.

Anders gesagt: Passion

Jesus Christus: Gott wird Mensch, wird verwundbar und leidensfähig: Welch eine Provokation für alle, die sich Gott allmächtig wünschen, damit er auch sie ausstatte mit Macht über andere und ihre Lust an Gewalt legitimiere.
In Jesus zeigt sich ein anderer Gott: Der verschenkt seine heilsame Kraft an Kranke und Ausgestoßene. Verirrte leitet er auf den richtigen Weg. Er begibt sich in die Tiefen des Lebens und erleidet selbst Gewalt und Tod. Gott kennt keine andere Macht als die der Menschlichkeit, die sich hingibt für andere. Genau dies ist seine All-Macht der Liebe.

Segenswunsch: Wach bleiben

Ich wünsche dir,
dass du wach bleibst,
aufmerksam und konzentriert,
wenn ein anderer dich braucht.

Aufgeweckte Augen
wünsche ich dir,
scharfe Sinne
und einen ausgeschlafenen Geist,
damit du die Not
deines Gegenübers erkennst.

Einen klugen Kopf
wünsche ich dir,
Fantasie und Pfiffigkeit,
um das Leid eines anderen zu lindern.

Und dass du nicht müde wirst,
deinen Nächsten zu begleiten
und ihn zu stärken
auf schweren Wegen.

APRIL:
Was (noch) aussteht

Es wird gesät verweslich
und wird auferstehen unverweslich.
1. KORINTHER 15,42 (L)

Von unvorstellbarer Schönheit

„So schön wie hier kanns im Himmel gar nicht sein!“

So hat der 2010 verstorbene Schauspieler, Aktionskünstler und Regisseur Christoph Schlingensief sein Buch überschrieben. Darin beschreibt er den Weg durch seine Krebserkrankung. Schonungslos erzählt er von seiner riesigen Narbe nach der Operation, von Schmerzen, Atemnot und Tränen und lässt auch die Momente nicht aus, in denen er überlegt, sich das Leben zu nehmen. Doch scheinen diese Erfahrungen ihn auch sensibler zu machen für die Schönheit des Daseins.

Und so erzählt der Grundton des Buches vom Leben und seinen bezaubernden Momenten, und von der wunderbaren Freiheit, die Welt gestalten zu können.

„So schön wie hier kanns im Himmel gar nicht sein!“

Ja, denke ich und nicke. Dieses Leben, das verweslich ist, das uns unsere Vergänglichkeit ins Gesicht zeichnet und auf den Körper schreibt, es ist doch trotz allem geradezu überwältigend schön.

Ich denke an einen Morgen auf der Insel, mein Blick fällt aus dem Fenster auf die Dünen. Nebelseen haben sich in die Mulden gelegt, durch die das Morgenlicht der Sonne scheint; eben schickt sie sich an, den Tag zu betreten und steigt als purpurne Kugel gemächlich über den Horizont.
Ich mache mich auf den Weg, gehe durch die Dünen, in denen weiße Schleier wehen, während der Himmel sich rot färbt, dann immer heller wird und der Nebel sich langsam anhebt und auflöst.
Als ich am Strand zurücklaufe, fällt das Sonnenlicht schräg auf mich, alles scheint weichgezeichnet, und vor mir geht langgezogen mein Schatten.

Der Morgen gleitet hinüber in den Tag, einen Tag, der wie alle anderen vor ihm vergehen wird. So wie die Dünen, die der Wind verweht. Wie der Sand, der entstanden ist aus Steinen, die zerfallen sind, und aus Muscheln, die einmal im Meer gelebt haben, bevor ihre Schalen in der Brandung zerrieben wurden.

Ich werde vergehen. Schon jetzt ist mein Gesicht gezeichnet von den Jahren, die hinter mir liegen. Und ich laufe langsamer über den Strand als vor vielen Jahren.

Schmerz reicht hinein in die Schönheit und macht sie mir erst so richtig bewusst.

Und die Vergänglichkeit: Sie weckt den Wunsch, doch bleiben zu können. Durch die Dünen laufen zu dürfen, wenn eben die Sonne aufgeht. Dem Nebel zuzusehen, wenn er sich verzieht. Neben dem eigenen Schatten zu gehen, während er sich verkürzt, und dabei die wärmenden Strahlen auf der Haut zu spüren.

Dazu den Wunsch, das Leben zu umarmen und festzuhalten auf ewig.
So schön wie hier kanns im Himmel gar nicht sein!

Unvorstellbar, dass es einen Ort geben könnte, an dem keine Nacht dem Morgen vorausgeht, an dem kein Tag und kein Abend ihm folgen. Unvorstellbar, dass es ein Leben geben könnte, das keine Spuren mehr trägt, keine Narben, die erzählen könnten vom Schmerz, der sie hervorbrachte, keine Linien, die sich eingraben in die Haut und sie altern lassen. Unvorstellbar, dass dort eine Schönheit sein könnte, schön wie hier auf der Erde – vielleicht schöner noch –, die doch bleiben darf.

Verweslich gesät. Auferstehen unverweslich.
Ein Versprechen, das aussteht.
Eine Hoffnung, nicht eingelöst.
Noch nicht.

Maria – von der Pietà zur Schutzmantelmadonna

(zu einer Figur in der Klosterkirche St. Vitus zu Drübeck)

Pietà

Maria hält ihren toten Sohn.
Es ist, als sei es gestern gewesen, da sie ihn geboren hat. Da sie ihn wickelte in Windeln und legte ihn in eine Krippe.
Der Große, er wird wieder klein. Wird der Säugling, den sie umgeben möchte mit ihrer Gegenwart, ihrem Schutz. Als Baby liegt er in ihrem Schoß. Aber er ist still, schreit nicht mehr.
Immer noch, noch immer ist er ihr Kind.

Maria bleibt an seiner Seite. Hält den Schrei in sich aus und die Fragen. Erträgt die unerträgliche Kälte, die in ihm wächst.
Sie erstarrt mit ihm. Stirbt seinen Tod mit ihm, obwohl sie doch weiterleben muss. Ganz nah sind sie beieinander.

Maria wickelt noch einmal ihr totes Kind. Und wickelt auch sich selbst ein in ihren schneeweißen Schmerz. Sie verbindet ihn und sich. Damit sie miteinander verbunden bleiben. Als könnten die Wunden noch einmal heilen und ein Wunder geschehen.

Schutzmantelmadonna

Einmal wird im Kokon Wärme wachsen. Einmal wird dort die Liebe zu glühen beginnen. Dann regt sich das Leben neu in ihr. Das Schneeweiß taut, sie spürt in sich ein Herz leise schlagen.

Einmal zieht Maria sich einen neuen Mantel über. Der ist weit. Unter ihm blüht das Leben. Dann finden Kinder, die nicht sie geboren hat, Schutz unter ihren Fittichen.

(Erstarrte Hülle – Mutter und Kind, Polyester, 102 cm, 1982: www.wieland-schmiedel.de/werke/, Seite 4, Zugriff am 25.02.2019.)

Gebet: Noch ausstehend

Gott, es gibt Tage,
da erscheint mir der Himmel
als leeres Versprechen
und der Tod
als Tunnel
ohne jegliches Licht.

Ich klage deinen Namen
an der Mauer,
die mich trennt von dir,
als könnte ich dich
zurück ins Leben rufen.

Und lehne mich an
den Stein vor dem Grab,
als sei die Hoffnung
eine Frage,
deren Antwort
noch aussteht.

Geschenkte Zeit

Ein Arztbesuch, Vorsorge, jährliche Routine. Bisher war immer alles in Ordnung. Aber diesmal ist es anders. Ein Befund ist auffällig und erfordert weitere Untersuchungen. Ich mache einen Termin beim Spezialisten aus. Zwischendrin sind zwei Tage Zeit.
In meinem Kopf spult ein Film ab. Was, wenn es etwas Schlimmes ist? Ich versuche, den Gedanken beiseitezuschieben und mich abzulenken. Aber das gelingt nicht immer.
Also probiere ich es anders. Ich gehe ein Stück spazieren und lasse den Film ablaufen. Ich schaue die Bilder an und höre dem, was mir durch den Kopf geht, zu.
Wie wäre es, nur noch eine begrenzte Zeit zur Verfügung zu haben? Was müsste passieren, damit ich mich gut von meinem Leben verabschieden kann?
Mir fallen Wünsche ein, die unerfüllt sind. Fragen, die offen sind. Beziehungen, in denen noch etwas zu klären ist.
In Gedanken schreibe ich Briefe an die Menschen, die ich liebe. Ich erzähle ihnen, was sie mir bedeuten. Ich erinnere mich an die Momente, die mir am wertvollsten waren.

Am Ende geht alles gut aus. Ich schicke ein Dankgebet zum Himmel. Danke für die Zeit, die mir geschenkt ist. Danke für jeden Tag.
Nein, das Leben geht nicht endlos immer so weiter. Und manchmal ist es gut, den Gedanken an die eigene Vergänglichkeit zuzulassen. Mir hat der Film in meinem Inneren gezeigt, was mir wichtig ist.
Ich nehme mir vor, die Dinge, die ausstehen, endlich anzugehen. Den einen oder anderen Traum möchte ich mir erfüllen, und was geklärt werden sollte, will ich klären.
Ich schreibe mal wieder einen Brief an einen Menschen, der mir wichtig ist, und sage ihm, was er mir bedeutet.
Noch ist Zeit. Mir geschenkt, um mein Leben zu gestalten.

Ostern, alltäglich

Am Morgen
ist das Leben
wieder aufgestanden,
hat den Nachtvorhang
beiseitegeschoben
und das Licht begrüßt.

Komm, wach auf!,
sagt es munter
und reicht mir
seine Hand.

Segenswunsch: Leben, das bleibt

Ich wünsche dir,
dass jeder Morgen
in dir
Vertrauen weckt

und jeder Frühling
in dir
den Glauben stärkt

und jeder Anfang
in dir
die Hoffnung nährt

auf ein Leben,
das bleibt.

MAI:
So viele Gaben

Dient einander als gute Verwalter der vielfältigen Gnade Gottes, jeder mit der Gabe, die er empfangen hat!
1. PETRUS 4,10 (E)

Die Welt zum Klingen bringen

Zwei Männer in einem Winterwald weit oben auf einem Berg.
Einen mühevollen Weg haben sie hinter sich; nun gehen sie an den Bäumen entlang und beklopfen sie mit der stumpfen Seite einer Axt. Sie lauschen den Tönen, die entstehen. Dann markieren sie den einen oder anderen Baum.

Was tun die beiden dort? Einer von ihnen, Martin Schleske, ist Geigenbauer, er ist auf der Suche nach sogenannten „Sängern“ unter den Bäumen. Diese bringen besondere Töne hervor, wenn man sie mit der Axt beklopft. Und sie werden gutes Klangholz sein für seine Instrumente.

Später findet sich dieses Holz in der Werkstatt von Martin Schleske wieder. Der Baum-Sänger wird zu einer Geige werden, die im Konzertsaal mit ihrem Klang die Zuhörer verzaubert.

Der Geigenbauer versteht seine Arbeit als eine schöpferische. Er unterscheidet sie von der Konstruktion, wo sich das Material dem Willen des Erbauers fügen und darum möglichst perfekt und makellos sein muss.

In seiner Werkstatt ist es anders. Schleske arbeitet mit dem, was er vorfindet. Er bezieht die Besonderheit des Holzes in seine Arbeit mit ein: die Maserung, die Dicke der Jahresringe, Unregelmäßigkeiten im Wuchs. Gerade das Unvollkommene, die Eigenart ist unverzichtbar für den besonderen und somit auch perfekten Klang jedes einzelnen Instruments.

Indem er sich als Schöpfer begreift, klinkt Martin Schleske sich ein in das Selbstverständnis dessen, der die Welt ins Leben ruft. Auch für den Schöpfer der Welt – so erzählen es die ersten Seiten der Bibel – ist das Ausgangsmaterial keineswegs perfekt. Ein Tohuwabohu findet Gott vor, ein chaotisches, wüstes Durcheinander. Der Grundstoff für sein Vorhaben scheint alles andere als optimal zu sein.

Und er muss offensichtlich nicht perfekt sein. Denn Gott konstruiert nicht, sondern er erschafft und belebt.
Dafür braucht er kein ideales Ausgangsmaterial. Er arbeitet mit dem, was er vorfindet. Er entdeckt das Potenzial, das darin steckt. Die Eigenarten, die andere vielleicht als Makel empfinden würden, deutet er um und lässt sie einfließen in das, was entsteht.

Wie wäre es, sich selbst als Werk dieses Schöpfers zu begreifen? Wir, Sie und ich, sind angesehen, so wie wir sind, wir sind entstanden aus Gottes Vision. Unsere Eigenarten, das, was wir selbst oder auch andere als Makel empfinden könnten, interpretiert er als Besonderheit. So werden wir zu seinen Resonanzräumen, in denen sich seine Stimme entfaltet. Gemacht, um die Welt zum Klingen zu bringen.

Ja, Gott macht uns sogar zu seinen Mitschöpfern. Er vertraut uns an, was er erschaffen hat. Wir können uns einklinken in seine Arbeitsweise. Nicht nur als Geigenbauer. Sondern an dem Platz, an dem wir sind.

Eine sorgsame Wahrnehmung ist dafür gefragt. Ohren, die den Klang schon hören, der entstehen könnte. Augen, die die Schönheit des Eigenartigen sehen und sich faszinieren lassen von der Vielfalt des Lebendigen. Als schöpferische Menschen werden wir die Welt nicht zurechtbiegen, sondern gestalten. Wir werden andere Menschen nicht in unsere Erwartungen hineinzwingen und verlangen, dass sie sich unseren Wünschen anpassen. Wir werden vielmehr das Potenzial entdecken, das im Vorfindlichen steckt, um dann hervorzuheben, wie einzigartig es ist.

Neugierig bleiben wie die beiden Männer auf dem Berg. Lauschen, entdecken, keine Mühe scheuen, Visionen entwickeln.
Die Geige wird den Konzertsaal füllen mit ihrer Musik. Wir werden Resonanzräume sein, die die Welt zum Klingen bringen. Gott wird lauschen und sich daran erfreuen.

Gebet: Erschaffen zu deinem Bild

Gott,
Schöpfer des Lebens,
ich staune über deine Fantasie
und deine Lust an der Vielfalt.

Öffne mir das Herz,
damit ich wahrnehme,
wie du mich gedacht hast.

Lehre mich,
aus meinem Gegenüber
die Gaben hervorzulocken,
von denen es noch nichts weiß.

Und gib auch mir Menschen,
die Talente in mir entdecken,
von denen ich nichts ahne.

Lass uns
miteinander leben,
würdevoll, weil du
uns erschaffen hast
zu deinem Bild.

Dornröschen

Da sind doch noch
ungeahnte Seiten in mir,
die schlummern
wie ein Dornröschen
hinter der Dornenhecke.

Es muss nicht immer
ein Kuss sein.
Manchmal reicht schon ein Wort,
das mich trifft.

Und Wesentliches wacht auf,
streckt sich
und tritt ins Leben.

Unerhört

Alexej Gerassimez ist Musiker, Percussionist und Komponist.
Er wurde 1987 in Essen geboren und wuchs in einer Musikerfamilie auf. Schon als Kind machte er die Küche zur Werkstatt, Töpfe und Pfannen wurden zu Trommeln, Kochlöffel und Schneebesen zu Schlagwerkzeugen. Schnell lernte er, wie unterschiedlich sie klingen und welch verschiedene Klänge er mit ihnen erzeugen konnte.
Auf dem Schulweg wurde der Klickrhythmus verschiedener Ampeln zur Musik, die ihn elektrisierte. Sie inspirierte ihn, weil er in der Lage war, sie neu und anders zu hören, eben nicht nur als Klicken einer Ampel.

Im Jahr 2017 ist Gerassimez Künstler in Residence der Festspiele Mecklenburg-Vorpommern. Er wird im ganzen Bundesland an verschiedenen Orten Konzerte geben.
Um sich darauf vorzubereiten, packt er all seine Schlagwerkzeuge ein und macht sich auf eine Reise durch das Land. Dort klopft er, wie er sagt, „unerhörte Orte“ ab.
Er trommelt auf Mülltonnen, improvisiert auf Wasserflaschen, macht Musik auf Schiffsschrauben. So findet er neben den altbekannten Orten auch ungewöhnliche, an denen er Konzerte gibt.
Einmal spielt er im Wald, und zwar nur auf dem Holz, das er vorfindet. Dann trommelt er in einer ehemaligen Reparaturwerkstatt für Panzer: Wo früher Kriegsfahrzeuge standen, erklingt nun Musik. Gerassimez öffnet auf diese Weise „unerhörte“ Resonanzräume, und er zeigt zugleich nicht nur sich selbst neue Möglichkeiten auf, sondern auch denen, die ihm zuhören.

Wie wäre es, das eigene Leben auf diese Weise zu gestalten?
Das Instrument könnte ich selbst sein, mit dem, was ich liebe und gut und gerne mache. Ich spiele es auf ganz eigene Weise, mit meiner Lebenserfahrung und meiner Art, die Welt zu sehen und zu interpretieren.

Mit diesem Instrument und meinem Repertoire mache ich mich auf, um die Welt zu erkunden und nach „Unerhörtem“ zu suchen. Was ist schon da, wurde aber noch nicht wahrgenommen und bespielt? Und was ist „unerhört“ im Sinne von provozierend und hinterfragend?

Ich versuche, auf andere Weise zu sehen, zu hören, zu spüren. Mit einem zweiten und auch dritten Blick. Ich klopfe meine Umgebung ab auf das, was unter der Oberfläche ist, und suche nach verborgenen Möglichkeiten. So lassen sich neue Resonanzräume entdecken, und ich kann etwas zum Klingen bringen oder vor Augen führen, was noch nicht da war. Und auf diese Weise mich überraschen lassen und auch andere Menschen ins Staunen bringen.

Mit links

In der Klosterkirche in Drübeck am Harzrand machen drei Engel Musik. Einer spielt auf der Gambe, ein anderer auf der Harfe, der dritte hält eine Schalmei in seinen Händen. Sie sind auf einem Holzrelief abgebildet, das an der Nordseite des Hohen Chores hängt. Erschaffen hat sie der Osnabrücker Holzbildhauer Dieter Schröder.
Gewänder und Flügel der Engel berühren sich, sie sind miteinander verbunden durch ihre Musik, die mir schwungvoll zu sein scheint. Und doch gehen sie nicht ineinander auf, es ist Platz zwischen ihnen. Jeder steht auch für sich und hat Raum für sein Instrument und die Töne, die er einbringt.
Die drei Engel spielen ihre Instrumente nicht, wie erwartet, mit der rechten Hand. Nein, die Engel spielen mit links. Leicht und virtuos gehen ihnen die Töne von der Hand.
Die Nähe der anderen, das Miteinander beflügelt und beschwingt sie. So entstehen Klänge über den Klang ihres jeweiligen Instrumentes hinaus. Etwas, was nicht sie machen, nicht machen können. Ein gewisses Etwas.

Den einen, eigenen Ton einbringen mit dem, was mir gegeben ist. Was nur ich zum Schwingen und Klingen bringen kann. Auf die anderen hören. Und die Töne verschmelzen, Obertöne schwingen mit, es wird eine Musik hörbar unter, neben, hinter und über der Musik.
Himmlisch schön.

Segenswunsch: Persönliche Note

Ich wünsche dir,
dass du im Lied des Lebens
deinen Platz findest und ausfüllst.

Vielleicht bist du
ein Ton in der Melodie,
kraftvoll, laut,
verhalten oder zart.
Oder du summst im Bass,
der die nötige Tiefe verleiht.

Vielleicht bist du fröhlich,
du singst und hüpfst
und bringst andere zum Tanzen.
Vielleicht bist du die Synkope,
die drängt und schwingt.
Oder der leise Ton,
bei dem man still wird
und zur Ruhe kommt.

Ich wünsche dir,
dass du der Welt
deine ganz eigene,
persönliche Note schenkst.

Wie sonst
sollte ihr Lied
vollständig klingen?

JUNI:
Ins Herz geschaut

Du allein kennst das Herz aller Menschenkinder.
1. KÖNIGE 8,39 (L)

Herzen, Herzen

Eine Wattwanderung vor der Nordseeinsel Baltrum.
Die Wattführerin fordert uns auf, einen Finger in den matschigen Boden zu stecken und ihn ein wenig hin- und herzubewegen.
Sofort stößt der Finger an etwas Hartes. Neugierig ziehen wir heraus, was wir entdeckt haben. Jede und jeder von uns hält eine Herzmuschel in der Hand.

Ich kann es kaum glauben. Der ganze Wattboden ist voller Herzmuscheln. Dicht an dicht liegen sie aneinander, für die Augen nicht sichtbar und doch da.

In den folgenden Tagen merke ich, dass dieses Erlebnis meine Wahrnehmung verändert hat. Plötzlich sehe ich Herzen, überall, wo ich gehe und stehe.

Die Blätter der Linde sind herzförmig, und an der alten Eiche prangt ein vor vielen Jahren eingeritztes Herz. Im Supermarkt sind die Herzen lila, auf dem Smartphone finde ich gelbe und grüne.

Herzen, Herzen, überall Herzen, diese Symbole der Liebe. Sichtbar. Und unsichtbar, in jedem Menschen, der mir entgegenkommt, in Hund und Katze, Eichhörnchen und Maus.

Das Herz, es ist der erste pochende Punkt, mit dem ein Leben beginnt. Plötzlich beginnt es zu schlagen, ohne dass jemand sagen könnte, wie genau das passiert.
Ob einer da ist, der es so gewollt hat? Der jede und jeden von uns als Erstes ausstattet mit einem Zeichen für eine Liebe, die bedingungslos ist?

Er sieht es, sieht, wo das Herz weit wird und groß, wo das Leben Raum hat und sich ausdehnt über die Grenzen hinaus.
Ebenso nimmt er wahr, wo es eng wird und hart, wo die Liebe abhandenkommt.

Herzen, überall Herzen. Auf dem Wattboden und in der Lindenkrone, im Supermarkt und in jedem Menschen.

Wie wäre es, all diese Herzen als Grüße aus dem Himmel aufzufassen? Ansichtskarten, geschrieben mit einem Alphabet der Liebe, das entworfen wurde jenseits des Horizonts. Eine Erinnerung an das Pochen in uns. Und eine Bitte, die Liebe lesbar zu halten und die Herzen zu hüten. Sie zu weiten, wenn sie eng geworden sind. Und wenn sie verhärtet sind, sie zu sensibilisieren.

Nicht immer ist das Alphabet der Liebe offensichtlich und leicht lesbar für jeden. Manchmal ist es wie überdeckt von einer dunklen Schrift, die ich nur mühselig entziffern kann.
Und doch erfüllt es das Leben mit Himmelssinn, wenn ich auch nur einen kleinen Zipfel davon erahne und verstehe.

Himmlische Grüße

Mein Herz.
Du bist bei mir seit Anbeginn. Du wirst bei mir sein bis zuletzt.
Den Takt meines Lebens gibst du an. Sekündlich pochst du in mir:
Milliarden Schläge tust du im Laufe meines Lebens.
Du versorgst meinen Körper mit dem, was er nötig hat.
Zuverlässig hältst du meinen Kreislauf in Gang.

Mein Herz.
Mein Innerstes. Mein Wesen.
Du teilst meine Gefühle mit mir. Du hüpfst vor Freude und hämmerst vor Wut.
Wenn ich aufgeregt bin, stolperst du manchmal,
wenn ich verletzt werde, schmerzt du.
Du treibst mich an und lässt mich spüren, wie lebendig ich bin.

Mein Herz.
Du verbindest mich mit allem, was lebt.
Meine Erinnerung bist du an den, der mich ins Dasein ruft.
Spüre ich dich, so ist es, als erhalte ich himmlische Grüße von ihm.
Er sagt mir mit jedem Herzschlag, sagt es wieder und wieder,
milliardenfach: Du bist erwünscht und geliebt.

Momente, die dem Himmel gehören

(zu Markus 14,3-9)

Einmal dem Herzen folgen und nicht dem Verstand. Aus dem Vollen schöpfen. Das Geld und die Liebe aus den Gesetzen des Marktes befreien. Einmal sich selbst verschwenden. Den anderen verwandeln. Ihn salben mit zärtlichen Händen und duftendem Nardenöl.
Ein Augenblick, der dem Himmel gehört.

Doch schon dreht die Erde sich weiter, schon hört sie Einwände, die sie zurückholen in die Gesetze der Welt.
Und: Sie haben ja recht. Sie hätte das Geld den Armen geben können. Dreihundert Silbergroschen! 20.000 Euro! Wie viele Menschen hätten davon satt werden können!

Ja. Sie haben ja recht.
Auch er hätte das Geld den Armen geben können. 15 Millionen Euro haben die Schwimmenden Stege gekostet, die der bulgarische Künstler Christo 2016 auf dem norditalienischen Lago d'Iseo installiert und selbst finanziert hat.
Ein orangefarben leuchtender Weg über blaugrün schimmerndes Wasser. Jeder, der mochte, durfte ihn begehen.

Kann, soll man die himmlischen Augenblicke umrechnen in irdische Währungen? Fast scheint mir, als ertrügen jene, die das tun, die Liebe nicht, die in ihnen steckt. Weil sie eine Anfrage ist an alles Berechnende.

Wer auf den schwimmenden Stegen über den See gegangen ist, wird das nicht mehr vergessen. Wellenbewegungen, die sich übertragen auf den Körper. Die Luft, so leicht, als könne man auch sie betreten. Menschen wie Farbkleckse auf dem Orange. Ihr Lächeln, ihre Ausgelassenheit, ihre glücklichen Gesichter.

Himmlische Momente lassen sich nicht in Geld umrechnen. Sie sind ja vom Markt genommene Zeit. Wer sie erlebt hat, dem weiten sie Herz und Horizont. Er wird wohl auch die Armen nicht vergessen, wenn die Erde sich weiterdreht.
Eher muss die Frage nach den Armen denen gestellt werden, die alles, Zeit und Geld, Liebe und Leben den Gesetzen des Marktes unterwerfen.

Der durch Nardenöl Verwandelte wird genau das nicht tun. Er wird sich hingeben. Ein himmlischer Duft begleitet ihn, wird Stärkung sein.

Wer die Liebe erlebt hat, den hält sie. Als könne man über das Wasser gehen. Und der Himmelsmoment: Er wird tragen. Wer weiß, vielleicht sogar über den Tod hinaus.

Über das Herz

Das Herz ist
ein bewegliches Wesen,
manchmal schlägt es bis zum Hals,
manchmal rutscht es in die Hose.

Es gibt Menschen,
die es auf der Zunge tragen.
Andere nehmen es
in die Hand.

Das Herz ist
ein erstaunliches Organ,
man kann es verschenken
und wird dabei nicht arm,
sondern reich.

Das Herz ist
ein wundersamer Ort,
ja, wohl der einzige,
an dem man jemanden
einschließen kann,
ohne ihn einzusperren.

Gebet: Fühlen und Mitfühlen

Guter Gott,
du erfindest das Leben
und stattest es aus.

Danke, dass du mir
ein Herz geschenkt hast.
Danke, dass ich leben darf,
dass ich fühlen und mitfühlen kann.

Gib mir ein gutes Gedächtnis,
das mich daran erinnert:
Ich lebe nicht aus mir selbst
und nicht für mich allein.

Öffne mir Herz und Hände,
damit ich mit anderen teile,
was du mir gibst:
Leben und Liebe,
Brot und Wein.

Segenswunsch: An mein Herz

Ich wünsche dir,
dass du das Leben willkommen heißt
und dich ihm öffnest in all seinen Spielarten:
Glück und Schmerz,
Freude und Trauer,
Aufregung und Stille.

Dass du weit bleibst,
wünsche ich dir,
damit viele Menschen
einen Platz in dir haben
und sich willkommen fühlen
bei dir.

Dass die Gefahren für ein Herz
abgewendet bleiben von dir,
wünsche ich dir,
dass du niemals verhärtest,
eng wirst
oder gar versteinerst.

Ich wünsche dir,
dass du lebendig bleibst
und pulsierend und pochend
erzählst von ihm,
der in dir
klopft und klopft
an die Tür des Lebens.

JULI:

Gestärkt für den Weg des Friedens

Der Engel des HERRN rührte Elia an und sprach:
Steh auf und iss! Denn du hast einen weiten Weg vor dir.
1. KÖNIGE 19,7 (L)

Der weite Weg zum Frieden

(zu 1. Könige 18 und 19)

Elia ist erschöpft. Nicht irgendeine Arbeit hat ihn bis an den Rand seiner Kräfte gebracht. Nicht irgendwelche Sorgen haben ihn zermürbt, und nicht irgendwelche Ängste haben ihn überrollt. Er hat kein „Burn-out", wie wir es heute nennen würden.

Nein, Elia ist erschöpft vom Töten. 450 Baalspropheten hat er an den Bach Kischon geführt. Und er „schlachtete sie daselbst", heißt es fast lapidar (1. Kön 18,40 L).

Nun aber ist er der, dem andere nach dem Leben trachten.
Da verzieht sich Elia in die Wüste und verkriecht sich unter einem Ginsterstrauch. Was er getan hat, holt ihn ein. „Ich bin nicht besser als meine Väter", klagt er.

In der Tat, Elia ist nicht besser als seine Väter. Auch er hat den Kreislauf nicht durchbrochen, sondern ist in der Spur von Gewalt und Krieg geblieben, die alles nur schlimmer macht. Sinnlos erscheint ihm das eigene Leben. Er flüchtet sich in einen Schlaf, aus dem er am liebsten nie wieder erwachen möchte … Da kommt ein Engel, rührt ihn an mit der Hand, so stelle ich mir vor, die warm ist und doch fest und so anders als jedes Schwert. Anrührend ist auch, was er sagt: „Steh auf und iss!"
Noch warmes Brot und einen Krug mit Wasser findet Elia neben seinem Lager. Er isst und trinkt, doch noch einmal übermannt ihn die Erschöpfung. Da kommt der Engel ein zweites Mal, wieder rührt er Elia an: „Steh auf und iss! Denn du hast einen weiten Weg vor dir."

Nun steht Elia auf, er isst und trinkt. So sehr stärken ihn Wasser und Brot, dass er vierzig Tage lang gehen kann, vierzig Tage und Nächte, ein weiter Weg, eine Fastenzeit auch, in der sich Fragen stellen und er sich selbst ertragen muss mit allem, was er getan hat. Blutige Bilder und quälende Fragen gehen mit ihm, durch Körper und Kopf.
Elia geht und geht, bis er zum Horeb kommt, den man auch Gottesberg nennt. Vielleicht wird Gott ihm dort auf neue Weise begegnen.

Zunächst aber scheint sich Elia auch hier noch einmal verstecken zu wollen, er zieht sich in der Nacht in eine Höhle zurück.
Gott aber sucht ihn auf durch ein Wort: „Was machst du hier, Elia?"
„Ich habe geeifert für den HERRN, den Gott Zebaoth (übersetzt: Gott der Heerscharen)", antwortet Elia, und vielleicht will er sagen, ich habe mir angemaßt, was dir gehört: Zorn, Eifersucht und Rache (1. Kön 19,9-10 L). Ich habe getötet und war so vermessen zu meinen, ich tat es für dich. „Geh heraus", sagt das Wort, „und tritt hin auf den Berg vor den HERRN (1. Kön 19,11b L)!"

Da kommt ein Wind, der die Berge zerschmettert. Und dann ein Erdbeben, das die Grundfesten erschüttert. Und schließlich ein Feuer, das alles zunichte machen könnte. Gott aber ist in keinem von diesen.

Gott zeigt sich endlich im Ton eines leisen Wehens. Zart, kaum vernehmbar. Und doch spürbar auf und unter der Haut.

Du hast einen weiten Weg vor dir!

Wie weit ist der Weg, frage ich mich, auf dem wir das Bild eines Gottes hinter uns lassen, der uns ermächtigen soll, in seinem Namen Kriege zu führen und andere zunichte zu machen?
Den Menschen ins Feld führen, mit Worten und Waffen, auf der Zunge oder dem Koppelschloss, um andere zu bekämpfen und niederzumachen.

Wie weit ist der Weg zu einem neuen, lebendigen Bild, zu einem Gott, der sich nicht im Sturmgebraus oder Gewitter verbirgt, sondern im sanften Sausen?
Zu ihm, dessen Anblick niemals eindeutig ist, der sich nicht erfassen oder dingfest machen lässt, dessen wir niemals habhaft werden. Und der sich doch erkennen lässt im Engel, der uns stärkt, im Wort, das uns den Weg weist, in der Zartheit des Lebens, die uns eine Gänsehaut auf den Rücken reibt.

Wie weit ist der Weg, bis wir uns senden lassen? Um selbst zu Engeln zu werden, die einander stärken, mit einer klaren Berührung, mit frischem Wasser und duftendem Brot.

Du hast einen weiten Weg vor dir.
Was dich stark macht, sind nicht die Waffen, ist nicht die Lust an der Macht und nicht das Niedermachen derer, die du für Feinde hältst.
Stark wirst du, wenn du erkennst, wie du verstrickt bist in Geschichten und Geschichte. Wenn du der Schuld ins Auge siehst und deine Verantwortung wahrnimmst. Und bereit wirst, auszusteigen aus dem, was Krieg bringt und Tod.

Du hast einen weiten Weg vor dir.
Den weiten Weg, der zum Frieden führt.
Du wirst die Klarheit des Engels erlernen, der die Müden stärkt.
Wirst lernen, abzusehen von dir selbst.
Und schließlich andere stärken, mit Brot und Wasser.
Und deinem Bleiben in der Nacht.

Gebet: Aus Frieden geboren

Verwundbarer, wunderbarer Gott,
führ uns wieder und wieder
die Bilder deines Friedens vor Augen:

Kinder lernen den Krieg nicht mehr,
Löwe und Lamm liegen beieinander
und Schwerter werden zu Pflugscharen gemacht.

Schenk uns Fantasie,
wie wir den Frieden lernen und lehren,
wie wir Feinde zu Freunden machen
und Waffen umschmieden
zu Werkzeugen für das Leben.

Gib uns Beharrlichkeit,
wenn wir für verrückt erklärt werden
oder als träumende Spinner
verworfen werden.

Stärke in uns die Hoffnung,
dass Frieden aus Frieden geboren wird
und nicht aus Krieg.

Müde vom Krieg

Der Soldat Veit ist müde vom Krieg. Im Lazarett hat man ihn wieder zusammengeflickt, nachdem er 1944 im Osten schwer verwundet wurde. Nun reist er nach Mondsee, einem kleinen Ort in den österreichischen Bergen, um sich dort unter der felsig aufragenden Drachenwand zu erholen.
Eines Tages macht Veit sich auf zu einem Spaziergang, um die Gegend zu erkunden.
Seiner Quartiersfrau, die anlässlich des Tags der Wehrmacht gerade die Fahne hisst und über die Volksgemeinschaft doziert, gibt er eine zynische Antwort.

Denn er hat mehr gesehen als sie, und darum versucht er, seine Genesung hinauszuzögern. Bloß nicht wieder zurückmüssen, in diese letzten Schlachten, man ahnt ja schon, dass sie verloren sind, dass dort Leben und Zukunft verheizt werden in einem sinnlosen Kampf.
Eben graviert der Steinmetz am Kriegerdenkmal neu die Namen derer ein, die nicht altern dürfen.

Nachdem Veit eine Weile gegangen ist, beginnt er, die winterliche Luft zu genießen, im Nachbardorf trinkt er einen Kaffee und macht sich dann auf den Rückweg.
Da kehrt mit jedem Schritt, den er macht, auch das Grübeln zurück über die sinnlos vertanen Jugendjahre. So schnell ist die Zeit zerlaufen. Und wo ist seine Fähigkeit geblieben, leidenschaftlich zu lieben?

Schlagartig kommen die Bilder und überholen ihn, und dann ist es, als geschähe es jetzt: Granaten gellen, er sieht seine Kameraden, wie sie, tödlich getroffen, in Gräben fallen, er erblickt eine Mauer, die genau auf ihn zukippt, Todesangst schüttelt ihn durch.
Veit geht zu Boden, schwer atmend kniet er im Schnee, ein bebendes Bündel voller Panik.

Als er wieder zu sich kommt, steht da ein Mädchen und reicht ihm ihre Hand.
Ihrer Mutter helfe das, wenn sie keine Luft bekomme, sagt sie.
Die beiden kommen ins Gespräch. Da erzählt auch sie, was sie zugleich beglückt und bedrückt. Eine erste Liebe, welche die eigenen Eltern zu zerstören versuchen.

Weitere Menschen begegnen dem Soldaten an diesem abgelegenen Ort, Menschen, die für einen Moment die Züge eines Engels tragen: eine Frau, ein Baby, ein Brasilianer.
Sie geleiten ihn durch seine Ängste und erwecken seine Liebe auf. Und nähren die Hoffnung, dass eine Zukunft möglich ist, die sich zu leben lohnt – trotz allem.

(Geiger, Arno: Unter der Drachenwand © Carl Hanser Verlag, München 2018, S. 137 ff.)

Durch die Nacht

Nicht jeder Engel ist eine Lichtgestalt.
Manch einer steht auch im Schatten.
Und erwartet am Rande des Tages
den einen Menschen, der ihn braucht,
auf dem Weg durch die Nacht.

Segenswunsch: Friedensengel

Ich wünsche dir
einen Engel,
der dich aus dem Schlaf
der Erschöpfung weckt.

Er stärke dich
mit dem Wasser der Liebe
und dem Brot des Lebens.

Er ermutige dich,
aufzustehen
und den neuen,
weiten Weg zu gehen.

Er gebe deinem Blick
eine andere Richtung
und leite deine Füße
auf dem Weg des Friedens.

Paradiesisch

Sommer. Im Garten ist viel zu tun.

Ich entferne welke Blüten und abgestorbene Triebe. Auf dem Rasen leuchten die Gänseblümchen. In der Hecke putzt sich ein Spatz, ein Tagpfauenauge trudelt über die Blüten des Sommerflieders. Während meine Gedanken bei einer Freundin sind, die durch eine dunkle Zeit hindurchmuss, bewege ich mich selbst inmitten blühenden Lebens. Wie nah doch das Schwere beim Schönen liegt. Wie zerbrechlich ist das, was mir so selbstverständlich erscheint. Manchmal ist das kaum auszuhalten, es zerreißt mich beinah.

Ich binde eine Staude an einen Stab, damit sie nicht umfällt oder gar bricht. Ein Gedicht kommt mir in den Sinn und beginnt zu klingen. Geschrieben hat es der polnische Dichter Czesław Miłosz, dem 1980 der Nobelpreis für Literatur verliehen wurde.

Miłosz wurde 1911 im heutigen Litauen geboren, Während der nationalsozialistischen Besatzung seines Landes war er im Untergrund tätig, später arbeitete er im diplomatischen Dienst für Polen. Nachdem ihm aufgrund seines kritischen Schreibens der Pass entzogen worden war, beantragte er 1951 in Frankreich Asyl.
Seit 1960 lebte Miłosz in Kalifornien, wo er an der Universität Berkeley Professor war. Dort hatte er offensichtlich einen Garten.

In seinem Gedicht „Gabe“ beschreibt er sich selbst an einem Tag, an dem er dort „zu schaffen“ hat, es ist ein glücklicher Tag. Der vom Pazifischen Ozean aufgestiegene Frühnebel hat sich verzogen. Der Dichter sieht Kolibris, die sich an einer Blüte des duftenden Geißblatts ausruhen. Die Selbstvergessenheit, die einen im Garten erfüllt, beschreibt er mit diesem Satz:

„Ich schämte mich nicht zu denken, ich sei, wer ich bin."

Er ist eins und einig mit sich selbst. Was ihm Böses widerfahren ist, vergisst er. Wünsche verklingen, sogar seine Schmerzen spürt er nicht mehr.

Im Garten empfinde auch ich es einige Augenblicke lang so. Ich bin, die ich bin, ein paar Momente lang ohne die Sorgen, die den Alltag durchziehen, ohne ein Bewusstsein des Risses, der mich so oft entzweit, ohne die Scham, unvollkommen zu sein.
Später denke ich: So fühlt sich wohl das Glück an. Wunschlos und selbstvergessen. Eine „Gabe", aus heiterem Himmel geschenkt.

Der kleine Garten um unser Haus herum: eine Reminiszenz an einen anderen Garten, von dem die Bibel auf ihren ersten Seiten erzählt. Eden wird er genannt. Ein Paradies.

(Miłosz, Czesław: Gedichte. Ausgewählt und mit einem Nachwort versehen von Adam Zagajewski © Carl Hanser Verlag, München 2013, S. 86.)

AUGUST:
Wunderbar auch ich

Ich danke dir dafür, dass ich wunderbar gemacht bin;
wunderbar sind deine Werke; das erkennt meine Seele.
PSALM 139,14 (L)

Sehenswert

Im Takt der Musik geht sie durch den Raum. Schwungvoll der Schritt, eine kokette Drehung. Das leichte Sommerkleid schwingt mit.
Dann bleibt sie stehen, die Wangen gerötet, ein Lächeln auf dem Gesicht.
Als wolle sie sagen: Schaut mich an. Ich bin sehenswert.
Das Publikum klatscht, sie dreht sich noch einmal und geht dann aufrecht hinaus.

Die Dame ist kürzlich 85 geworden. Gemeinsam mit anderen Seniorinnen führt sie auf einem Gemeindefest Kleidung vor: für den Alltag, den Sommer, den Abend, was man früher trug, was sie heute anziehen. Sogar ein altes Hochzeitskleid ist dabei.
Und die Zuschauer sind begeistert.

Mutig finde ich diese alten Damen. Sie präsentieren sich mit all ihren Falten im Gesicht, mit den Pölsterchen an Hüfte und Bauch, mit mancher Krampfader und der Orangenhaut auf den Armen.
Na und?

Sie zeigen auf eindrückliche Weise: Schönheit ist keine Frage des Alters. Auch nicht, ob du dick oder dünn bist oder deine Nase krumm ist oder gerade.

Schön wird ein Mensch, wenn er sich geliebt weiß.
Ich stelle mir vor, wie sich eine der alten Damen am Morgen im Spiegel ein Lächeln schenkt. Sie stimmt ein: Ja, ich bin wunderbar gemacht. Einzigartig bin ich, geprägt von meiner Lebenserfahrung, die mir Ausstrahlung verleiht. Mehr, als Cremes, Pillen oder gar Operationen es je könnten.
Und in ihrem Lächeln schwingt ein Danke mit.

Die Botschaft der Seniorinnen ist angekommen, ihr Mut hat sich gelohnt. Viele haben es gesehen und wahrgenommen: Jeder Mensch, ob jung oder alt, ist eine richtige Sehenswürdigkeit.

Kunstwerk

Das Leben zeichnet dich,
es malt seine Linien
dir ins Gesicht,
modelliert deinen Körper,
tupft Flecken
auf Arme und Hände.

Kein Mensch auf dieser Erde,
der dir gleicht.
Schau in den Spiegel:
Ein Kunstwerk bist du.

Gebet: Unverwechselbar

Schöpferischer Gott,
an jedem Tag
einmal dir danken,
dafür, dass ich sein darf.

Mit einem Fingerabdruck,
den nur ich habe,
und einer Iris,
die keiner anderen gleicht.

Mit meiner Art,
in den Tag zu gehen
und das Leben zu sehen,
mit Worten,
die nur ich sagen kann,
und Gesten,
die mich unverwechselbar machen.

Danke
für mein Leben,
das es nur einmal gibt,
mit seinen leuchtenden Tagen
und auch den dunklen,
an denen du da bist,
manchmal von fern
und manchmal ganz nah.

Im Kaleidoskop des Lebens

Glassteinchen, rote und grüne, blaue und gelbe, violette und weiße. Zwei Scheiben, eine durchsichtig, die andere matt. Drei gleichlange Spiegelstreifen. Und ein Rohr.

Das ist alles, was ich brauche, um ein Kaleidoskop zu bauen. Die Spiegelstreifen kommen in das Rohr. An das eine Ende setze ich die beiden Scheiben, dazwischen streue ich die Glassteinchen. Die andere Seite bekommt ein Guckloch. Wenn ich hineinblicke, sehe ich die bunten Steinchen, sie werden wieder und wieder vervielfacht. So entstehen bezaubernd schöne Figuren. Jedes Mal, wenn ich das Kaleidoskop drehe, bildet sich ein neues Muster, filigran und faszinierend. Ich kann es wenden und bewegen, wie ich will. Alle Formen sind schön.

Schon die alten Griechen haben Kaleidoskope gekannt. Im 19. Jahrhundert holt der schottische Physiker David Brewster sie aus der Vergessenheit und lässt sich den „Schönbildseher", so die Übersetzung, patentieren. Ich stelle mir vor, wie er hineinschaut, wie er das Kaleidoskop dreht, wieder und wieder. Wie er sich an den Mustern freut, die entstehen.

Im Grunde funktioniert der ganze Kosmos wie ein Kaleidoskop, jedoch unendlich komplexer. Es gibt eine Reihe von Grundbausteinen, die Atome und Moleküle. Diese werden immer wieder neu miteinander kombiniert. Lebensformen bilden sich aus. Jedes Mal entsteht dabei ein anderes, nie da gewesenes, bezauberndes Muster.

Die Linden am Straßenrand. Jeder Grashalm, der darunter wächst, jeder Spatz, der sich darin versteckt: einzigartig. Und auch die Menschen, die entlanggehen oder -fahren, ob Frau, ob Mann, ob Kind: Alle sind Unikate, Einzelstücke, auf die eigene Weise faszinierend und schön.

Mich bringt diese unerschöpfliche Vielfalt ins Staunen, die sich im Kaleidoskop entfaltet, das sich „Leben“ nennt. Es würde mich nicht wundern, wenn es auch dem so erginge, der diesen Kosmos erfunden hat. Fasziniert schaut er zu, wie das Leben immer wieder neue Muster erschafft. Und er freut sich an Lindenbaum, Grashalm und Spatz. Und an uns Menschen.

Fasten

Heute verzichte ich darauf,
Einwände aufzulisten
gegen mich selbst.

Ich schaue freundlich
auf Makel und Schwächen.
Meine Unvollkommenheit
nehme ich gelassen
zur Kenntnis.

Dann lächle ich mir
verlegen und verwegen
im Spiegel zu.

Die Einwände schweigen,
stattdessen klingt leise
eine Stimme, sie spricht
vom Ebenbild.

Segenswunsch: Beflügelt

Ich wünsche dir,
dass Gott
deine Schritte beflügelt,
dein Herz fröhlich macht
und Humor in deine Seele gießt.

Er zeichne dein Gesicht
mit Lachfalten
und fülle dein Wesen
mit Freundlichkeit.

Ich wünsche dir,
dass du in seiner Nähe
zu einem glücklichen Menschen wirst.

SEPTEMBER:
Der versöhnliche Gott

Ja, Gott war es, der in Christus die Welt
mit sich versöhnt hat.
2. KORINTHER 5,19 (E)

Heute und hier

Mitten in der Fußgängerzone, auf der Zeil in Frankfurt stehen zwei Frauen und schreien die Leute an. „God is great", brüllt die erste. „Gott ist groß", kreischt, übersetzend, die zweite.

Ich bleibe stehen und schaue eine Weile zu. Innerlich schüttle ich den Kopf. Menschen gehen vorbei, sie beachten die beiden kaum. Niemand bleibt stehen, um zuzuhören.

Nach einer Weile macht das Gebrüll mich aggressiv. Es steht in krassem Kontrast zum Leben darum herum.
Denn da liegt endlich Frühling in der Luft, nach dem langen Winter scheint die Sonne und wärmt schon. Auf den Bänken sitzen junge und alte Leute und halten ihr Gesicht dem Himmel hin.

Die beiden Frauen aber scheinen all das gar nicht wahrzunehmen, unbeirrt schreien und schimpfen sie, und ihre Stimmen durchdringen penetrant den durch die Stadt flanierenden Frühling.

Ich spüre, wie die Wut in mir nach und nach einem gewissen Mitleid weicht. Denn das seltsame Geschrei der beiden strahlt auch eine Verzweiflung aus. „Too late", brüllt die erste. „Zu spät", fleht lauthals die andere.

Es geht ihnen wohl darum, die Vorbeigehenden schleunigst zu Gott zu bekehren, auf den möglicherweise letzten Drücker. Denn, so glauben sie, ein „Zuspät" würde die ewige Verdammnis bedeuten.

Ich kenne das, denn ich bin selbst als Jugendliche in Kreise geraten, die so dachten.

Erschüttert erinnere ich mich an die Angst, die ich damals hatte. Höllenangst, im wahrsten Sinne des Wortes. Um mich selbst, weil ich irgendeine Sünde begangen haben könnte, die mich im ewigen Feuer landen lassen würde. Angst aber auch um die Menschen, die mir am Herzen lagen, die sich jedoch nicht mit Datum und Uhrzeit zu Jesus bekehrt hatten.

Was für eine merkwürdige Weise, von Gott zu reden, denke ich heute.
Wie armselig ist so ein Glaube, der nur auf Angst basiert.
Und wie egoistisch und weltfremd ist es, wenn es nur um das Seelenheil des Einzelnen geht, zuallererst um das eigene.
Über der Sorge um das ewige Leben der Seele vernachlässigt man die, die hier auf der Erde unter Hunger und Schmerzen leiden. Und hält es nicht mehr für nötig, sich den Kriegstreibern und Machtmissbrauchern zu widersetzen.
Und über dem missionarischen Eifer, andere schleunigst bekehren zu müssen, bleibt kaum ein Blick übrig für die Schönheit dieser Erde und für das wunderbare Geschenk, auf ihr zu leben.

Ich glaube nicht, dass das im Sinne Gottes ist. Die Bibel sagt doch von ihm, dass er die Liebe sei. Er will, dass alle Menschen gerettet werden, und zwar nicht erst irgendwann einmal, in einem Himmel, der einem Wolkenkuckucksheim gleicht.

Gott fängt schon heute und hier an. Und er braucht unsere Hilfe.
Wo wir den anderen in den Blick nehmen, wo wir in der Liebe bleiben, leben und handeln, da ist er mitten unter uns.

Entspannt euch, würde ich den beiden Frauen gerne sagen. Setzt euch einen Moment in die Sonne und stellt euch vor, sie sei Gottes Liebe. Sanft, wärmend und wohltuend. Eine Liebe, die alle umfasst. Behutsam bringt sie das Leben zum Blühen. Heute und hier.

Gebet: Ins Freie

Damals,
als die Angst ihre Fesseln
um mich schlang
und zuzog, immer fester.
Und ich verstört war,
weil ich mir nicht vertraute
in meinem Glauben
an dich.

Damals,
als ich weinte,
angesichts meiner Lieben,
dic vergehen würden
im Feuer deines Zorns.
Und ich bestürzt war
von dem, was man mir
ins Herz brüllte
über dich.

Da erreichte mich leise
ein Wort von dir,
das mir so neu erschien
wie ein Morgen.

Für möglich hielt es,
dass deine Liebe größer sei
als dein Zorn.
Und deine Güte himmelweit weiter,
als manchem von ihnen lieb.

Da löstest du, allgütig Versöhnender,
meine Fesseln,
da wischtest du selbst
mir die Tränen ab.

Da sprachst du
mein Leben
ins Freie.

Schattenspiel

An einem Winterabend ging ich mit unserem damals noch kleinen Sohn in der Stadt spazieren. Wir gingen auf dem Bürgersteig, und plötzlich entdeckte er, dass vor ihm sein Schatten war und sich in der Größe veränderte. Länger und schwächer wurde der Schatten und war dann einen Moment lang fast gar nicht mehr zu sehen.
Das war der Augenblick, in dem wir die nächste Straßenlampe erreichten. Dann war er wieder da, der Schatten, klein und kräftig.
Wir spielten mit ihm, wir entdeckten, dass auch hinter uns einer war. So wie der vor uns schrumpfte, wuchs der hinter uns. Wenn wir uns umdrehten, dann tauschten auch die Schatten ihre Plätze, der längere, der vorher hinter uns war, lag nun vor uns, der kürzere hinter uns. Den aber konnten wir sowieso nur sehen, wenn wir den Kopf drehten und uns verbogen.
Wir versuchten, über den Schatten zu springen, über den eigenen, über den des anderen. Wir hatten Spaß dabei. Aber wir ärgerten uns auch. Dieser verflixte Schatten. Immer war er da.

Man entkommt dem Schatten, den Schatten nicht. Und doch, vielleicht kann man einüben, ihn zu entdecken, anzuschauen, damit kreativ umzugehen, so wie an diesem Abend.
Das Spiel von Licht und Schatten, ich spiele mit, werde aktiv, nehme es selbst, soweit ich kann, in die Hand. Oft ist es ein großer Schritt bis zu dem Punkt, an dem ich mich nicht mehr ausgeliefert fühlen muss, sondern neue Spielräume entdecke.
Vielleicht gelingt es manchmal sogar, Frieden oder Freundschaft mit dem Schatten zu schließen, nicht nur mit dem eigenen. Ich höre zu, was er zu sagen hat, und schenke ihm Aufmerksamkeit. Und manchmal glückt es mir, ihn an die Hand zu nehmen oder sogar für einen Moment zu überspringen.

Alte Bekannte

Mit einer Freundin spreche ich über alte Bekannte. So nenne ich innere Stimmen, die einen Menschen daran hindern, sich so zu verhalten, wie er es gerne möchte.

Mein alter Bekannter zum Beispiel sagt oft: „Halte dich zurück!“ Da habe ich eine tolle Idee und richtig Lust, sie zu verwirklichen. Und dann kommt er und sagt: „Halte dich zurück, was glaubst du, was die anderen dann von dir denken.“ Oder: „Das kannst du sowieso nicht.“

Der alte Bekannte meiner Freundin fordert sie auf: „Leiste was. Nur dann bist du etwas wert.“
Da will sie einfach nur mit einer Freundin im Garten Kaffee trinken. Und schon macht er ihr ein schlechtes Gewissen und treibt sie an: „Los jetzt, du kannst doch nicht einfach faul in der Sonne sitzen.“

Alte Bekannte: Von Kind auf vertraut, lange haben sie auf uns eingeredet. Aber längst nicht immer ist das, was sie sagen, richtig und gut.

„Erst die Arbeit, dann das Vergnügen“, befiehlt so ein alter Bekannter. Und der, der ihn im Kopf hat, arbeitet bis zum Herzinfarkt.
„Die anderen sind wichtiger als du“, sagt ein anderer. Und die Frau, die ihn in sich trägt, spürt sich selbst und ihre Wünsche nicht mehr.

Alte Bekannte, Sie kennen sie ganz bestimmt auch. Es ist gut, sich mit ihnen vertraut zu machen.
Dann kann ich Hallo sagen, wenn einer zur Tür hereinkommt. Dann entscheide ich selbst, ob er sein Verslein sagen darf. Und schicke ihn weg, wenn er fehl am Platz ist.

„Halte dich zurück“, sagt mein alter Bekannter. „Raus hier“, sage ich. „Du hast schon genug Schaden angerichtet.“ Und dann verwirkliche ich meine gute Idee. Meistens klappt es ganz gut. Und hinterher bin ich glücklich und stolz darüber.

„Leiste was“, sagt der meiner Freundin. „Geh du schon mal vor“, erwidert sie. „Ich trinke jetzt Kaffee. Mit meiner Freundin, der ich wichtig bin. Und die mich mag, so, wie ich bin.“

Sommererntezeit

Pack in den großen Korb
den Duft von Heu,
vom Mohn das Rot
und den hellen Schimmer
der Margeriten am Abend.

Leg hinein
die flammenden Nachtkerzen
und das Taumeln der Falter
über den Blüten.

Deck zu den Korb
mit den Farben der Dämmerung,
mit dunkelndem Blau
und verglühenden Funken.

Einen Wunsch
schick zum Himmel,
einen Seufzer
und am Ende
einen Dank.

Segenswunsch: Septembersonnenschein

Ich wünsche dir,
dass du dich satt siehst
am Septemberlicht.

Schräg fällt es
auf Häuser und Hügel,
Straßen und Gassen
und zeichnet sie weich.

Leicht legt es sich
über Berge und Bäume,
Meere und Menschen,
als wolle es sie vergolden.

Ich wünsche dir
einen Blick, barmherzig
wie Septembersonnenschein.

OKTOBER:
Von oben und unten

Suchet der Stadt Bestes und betet für sie zum HERRN;
denn wenn's ihr wohlgeht, so geht's euch auch wohl.
JEREMIA 29,7 (L)

Ein unabweisbarer Ruf

Es gibt sie noch, die Klöster. Manche befinden sich inmitten einer Stadt, als sei diese um sie herum gewachsen. Andere abgelegen, hinter Hügeln in einem Tal, das man auf einer schmalen, kurvenreichen Straße durchfährt.
Dort wohnen Menschen, die sich dreimal, viermal, fünfmal am Tag vom Klang einer Glocke unterbrechen lassen. Sie legen beiseite, was sie in der Hand halten, und gehen mit eiligen Schritten in Richtung Kirche oder Kapelle, als folgten sie einem unabweisbaren Ruf.

Dann beten sie. Sie wenden sich an ein Wesen, das ungewiss ist, an eine Adresse, über die nicht wir verfügen.
In überkommene Worte und Gesänge klinken sie sich ein und verbinden so die Zeiten. Wenn die Hoffnung in die Vergangenheit reicht, warum sollte sie es nicht auch in die Zukunft können?

Sie beten auch mit ihren eigenen Worten: für einen Menschen, für die Stadt, für die Welt. Sie scheuen sich nicht, Bitte zu sagen. Sie scheuen sich nicht, Danke zu sagen.
Inmitten oder am Rande der Stadt richten diese Betenden beharrlich ihre Worte in Richtung Himmel.

Viele sind es nicht mehr. Manchmal frage ich mich, wie es sein wird, wenn einmal die Glocken schweigen und das Beten verstummt. Wird es Menschen geben, die es vermissen? Ob es etwas verändert, das Bitten und Danken, lässt sich ja nicht sagen.

Immer noch sitzen Bettler in der Fußgängerzone. Wieder hat einer in der Nacht ein Hakenkreuz ans Rathaus geschmiert. Und heute las ich, das Frauenhaus sei überfüllt.

Sie aber beten unbeirrt weiter. Als bräuchte es Menschen, die Gott nicht verlassen.

Gelegentlich möchte ich einfach hingehen und hineinsinken in ihre Gesänge und Worte. Möchte mich trösten lassen von ihrem Vertrauen.
Und später zweifelnd nach Hause zurückkehren.
Dieselbe und doch eine andere als vorher.

Gebet: Weitreichend

Wie weit
reicht ein Gebet!
Es kann die ganze Welt umfassen,
weil du, Gott,
die ganze Welt umfasst.

Darum wende unsere Herzen zu dir,
die der Großen und die der Kleinen,
damit dein Wille geschehe
und allen Menschen
geholfen werde.

Gemeinsam in der Liebe leben

2.000 Menschen versammeln sich im April 2018 mitten in Berlin, sie alle tragen auf dem Scheitel eine Kippa, die traditionelle jüdische Kopfbedeckung.
Eine Welle der Empörung und Solidarität geht durch die Hauptstadt, nachdem zwei Männer auf offener Straße angegriffen wurden, weil sie eine Kippa trugen.
Antisemitismus in Deutschland, und das angesichts unserer Geschichte, wie beschämend ist das.

Nein, niemand wird selbst zu einem Juden, weil er eine Kippa trägt. Viele der Menschen, die das an diesem Tag taten, wussten möglicherweise wenig, vielleicht fast gar nichts über das Judentum.
Es ging ihnen darum, Haltung zu zeigen. Darum solidarisierten sie sich auf eine Weise, die es unmöglich machte, zu unterscheiden, wer hier Jude oder Muslim, Christ oder Atheist war. Sie zeigten: „Wir alle sind Juden, wenn es darum geht, einen Juden zu schützen."

„Ihre Liebe macht keinen Unterschied." Das sagt Navid Kermani bewundernd über das Christentum. Es ist die schönste Wertschätzung, die ich kenne, weil ich meine, dass sie das Wesen eines Glaubens, der sich christlich nennt, am genauesten trifft.

Keinen Unterschied in der Liebe zu machen, ja, das ist eine zutiefst christliche Haltung. Sie wurzelt in der Überzeugung, dass Gott sich gerade in denen verbirgt, die ausgegrenzt werden (Mt 25). Seine Liebe macht sich besonders für die stark, die es selbst nicht sind.

Nicht in der Liebe zu unterscheiden – das ist jedoch kein Merkmal, welches wir als Christen für uns allein beanspruchen könnten. Schon gar nicht, um so wiederum andere auszugrenzen.

Denn in jeder Religion gibt es Menschen, die für andere eintreten, ebenso unter denen, die gar nicht an Gott glauben. Diese Haltung ist einladend und will andere zu sich ziehen, in eine Liebe, die weltumspannend ist.

Jedes Dorf, jede Stadt, jedes Land sollte sich um eine Ökumene der Menschen bemühen, die keinen Unterschied in der Liebe machen. Es trüge bei zum Wohl derer, die in ihr wohnen.

(Kermani, Navid: Ungläubiges Staunen. Über das Christentum © C. H. Beck, München, 13. Auflage 2016, S. 169.
www.rbb24.de/politik/beitrag/2018/04/kippa-solidaritaet-judentum-berlin-potsdam-antisemitismus.html, Zugriff am 25.02.2019.)

Subversion

Umarmt die Verhärteten,
berührt die Zynischen zärtlich.
Spielt mit den Verkniffenen,
tanzt mit den Gleichgültigen.

Den Tatsachen lacht
eure Tränen ins Gesicht.

Beschenkt die Geizigen,
singt Lieder den Knurrigen.
Den Realisten trotzt
ein paar Träume ab.

Unterlauft täglich
die Wirklichkeit.

Verdreht den Hassenden
Augen und Herzen.
Öffnet die Fäuste der Zürnenden
und zeichnet hinein: Schalom.

(Willms, Tina: Subversion, aus: dies.: Erdennah – Himmelweit. Ein Jahresbegleiter zu den Wochensprüchen. Andachten, Gedichte und Gebete © 2014 Neukirchener Verlagsgesellschaft mbH, Neukirchen-Vluyn, 3. Auflage 2016, S. 99.)

Segenswunsch: Vom Himmel geschickt

Dass du Salz bist
in der faden Suppe
des Immergleichen,
wünsche ich dir.

Und Sand
in den Getrieben,
die weiter- und weiterlaufen,
koste es, was es wolle.

Und Licht,
da, wo in finsteren Ecken
Menschen sich verlieren könnten.

Ich wünsche dir,
dass du durch deine Stadt gehst,
als seist du
vom Himmel geschickt,
um ein Segen zu sein.

Anders gesagt: Gnade

(ein Gastbeitrag von Heinke Willms)

Mit dem Rucksack auf dem Rücken und einigen Taschen im Fahrradkorb mache ich mich auf den Weg. Die Sonne taucht die Felder in sanftes Licht, der Wald leuchtet mir entgegen. Einzelne Glockenklänge wehen zu mir herüber.

31. Oktober 2017 – im Nachbardorf beginnt gerade der Gottesdienst zum Reformationsjubiläum.
Ich radle weiter, vorbei an Stoppeläckern und Obstwiesen und genieße den Fahrtwind in meinen Haaren.
Da mischt sich in die leisen Töne der Glocke ein neues Geräusch. Entfernt krächzendes Rufen. „Kann das sein?", denke ich und schaue zum Himmel.
Tatsächlich, da ist ein Zug Kraniche unterwegs. Ich steige vom Rad und beobachte, wie sie näher kommen. Lauter und lauter höre ich sie. Als riefen sie am Himmel einander ermutigend zu.
Dann sehe ich: Da kommt noch ein Zug. Während das Rufen des ersten verklingt, wird schon das des nächsten lauter – und so geht es weiter und weiter. Ein Kranichzug nach dem anderen taucht am Himmel auf. Ich stehe und staune.

Während die Vögel über mir ziehen und ziehen, setze auch ich meine Radtour fort.
Später stehe ich am Wegrand und fülle meinen Rucksack mit Zierquitten. Wie eine Handvoll Glück fühlt sich jede der kleinen gelben Früchte an. Ich freue mich, dass ich sie so spät im Jahr noch ernten kann. Ich pflücke und pflücke. Und immer noch ziehen die Kraniche ihrem Sommer im Süden entgegen.

Mit prallvollem Rucksack und bepackten Taschen komme ich in der Dämmerung zu Hause an.

Dort breite ich die Zierquitten auf dem Küchentisch aus und beginne mit der Arbeit.
Noch zwei Stunden stehe ich in der Küche – es ist warm und duftet zitronig und herb, meine Hände kleben und meine Kleider auch. Im Topf brodelt der Quittengelee, die Gläser stehen bereit.

Später im Winter öffne ich eines.
Und es ist, als wehten Glockenklänge und das Rufen der Kraniche durch die Küche, ich schmecke Sonne und Quitte und Glück. Und lese wieder, was ich am Reformationstag auf das Marmeladenglas schrieb:

Gnadengelee 2017.

NOVEMBER:
Die Wende schon im Blick

Gott spricht: Sie werden weinend kommen,
aber ich will sie trösten und leiten.
JEREMIA 31,9 (L)

Ins Buch des Lebens

Er fährt nun allein mit dem Fahrrad vorbei.

Ich frage mich, was geschehen ist. Noch vor Kurzem fuhren sie immer zu zweit. Auf größeren Straßen hintereinander, sie vorne, er hinterher. Auf wenig befahrenen Straßen nebeneinander, oft in ein Gespräch vertieft.

Sie fuhren nicht nur gemeinsam Fahrrad, sie musizierten auch miteinander. Einmal habe ich sie in einem Konzert erlebt, er spielte Gitarre, sie sang dazu. Da wurden auch ihre Namen genannt.

Eine Weile dachte ich, wenn sie vorbeiradelten: Ach, schau, da sind sie wieder, Herr und Frau F. Später vergaß ich ihre Namen, wohl, weil ich sie eine Weile nicht gesehen hatte.

Und nun fährt er allein, vor ihm ist eine Lücke, seit einigen Monaten schon, und ich frage mich, was geschehen ist.
Ja, das sei eine traurige Geschichte, erzählt einer, der die beiden näher kannte. Gestorben sei sie. Es sei sehr schnell gegangen. Ein paar Wochen nur zwischen Diagnose und Tod.
Ich spüre die Stille, die diesen Worten folgt.

Später denke ich an den, der uns ins Buch seines Lebens schreibt. Er hat ihren Namen nicht vergessen, sondern bewahrt ihn bei sich.
Der Mann aber fährt nun allein mit dem Fahrrad vorbei. Ob etwas ihn trösten kann?
Ihn nach seinem Namen zu fragen, wage ich nicht.

Zwiegespräche

Die Tage sind schwarz,
sagt die Trauer.

Ich sehe ein Licht,
sagt die Hoffnung.

Nie wieder,
sagt der Schmerz.

Versuch es noch einmal,
sagt die Liebe.

Für immer vorbei,
sagt der Tod.

Ich bin wieder da,
sagt das Leben.

Unter dem Grau

Armer November. Die meisten Menschen mögen ihn nicht. Grau sei er, noch dazu ansteckend: Er färbe das Leben ein ins Düstere und fülle die Seele bis an den Rand mit Trübsinn.

Ja. Kann sein.

Trotzdem: Ich mag den November.
Ich mag seine Nebelschleier, die das, was mir selbstverständlich erscheint, verhüllen und es manchmal fremd, manchmal auch fragwürdig erscheinen lassen.
Und ich mag den Regen, der Tropfen in immer anderen Mustern ans Fenster malt oder auch wirft. Als könne er Tränen und sogar Wut verstehen.
Ich mag die Stille, die entsteht beim Anblick der kahlen und kargen Landschaft. Stumm scheint sie mich zu befragen, wie ich mein vergängliches Leben leben will.

Hinter dem Nebel, mitten im Regen und unter den Fragen aber schwingt eine Bitte mit, die mir nur im November vernehmbar erscheint:
Mich zu gewöhnen an die geheimnisvolle Schönheit der Ewigkeit.

Gebet: Nachtruf

In die Nacht
deinen Namen rufen,
der dich niemals umfasst
und der doch so nah
und tröstlich klingt.

Ein besonderer Tag

Ich war für ein paar Novembertage in einem Dorf in Ostfriesland; dort, wo ich aufgewachsen bin. Wie so oft ist das Wetter durchwachsen.
Nun muss ich zurück nach Hause. Als ich durch den Ort fahre, sehe ich, wie sich am Denkmal eine kleine Gruppe aufstellt. Sie bauen Notenständer auf, ein Mann hat eine Trompete in der Hand: der Posaunenchor.
Ach, stimmt, fällt mir ein, heute ist ein besonderer Tag, der Volkstrauertag.
Gleich wird wohl der Ortsvorsteher kommen und einen Kranz niederlegen. Dann wird der Pastor im Talar ein paar Worte sagen. Und der Posaunenchor spielt einen Choral.
Das Wort „Helden" hört man dort heutzutage nicht mehr. Gott sei Dank. An die unzähligen, oft auch namenlosen Opfer wird erinnert, deren Leben durch Kriege zerstört wurden und immer noch werden. Vielleicht spricht einer vom Frieden, nach dem sich wohl jeder Mensch sehnt. Frieden, für den wir verantwortlich sind; als Deutsche, von deren Land so viel Unheil ausgegangen ist, umso mehr.
All das geht mir durch den Kopf, als ich abbiege, um am Fluss entlangzufahren, der eine rötliche Farbe hat. Das Land ist so weit hier, der Himmel so groß. Fast bis zum Boden scheinen die Wolken zu reichen. Eben spannt sich vor der verzagten Morgensonne ein Regenbogen aus.

Segenswunsch: Durch die Trauer

Ich wünsche dir,
dass du auf dem Weg durch die Trauer
dein eigenes Zeitmaß findest
und dir erlaubst, es zu gehen.

Mag sein, dass du selbst ungeduldig bist,
weil dein Schritt immer noch schwer ist
und deine Haltung gebeugt.

Mag sein, dass manche dich antreiben wollen,
weil sie deine Tränen nicht mehr ertragen.

Der Weg durch die Trauer ist weit.
Er lässt sich nicht abkürzen
und nicht im Laufschritt bewältigen.

Doch Stück für Stück
führt er zurück
ins Leben.

DEZEMBER:
Zeit für Barmherzigkeit

Brich dem Hungrigen dein Brot, und die im Elend ohne Obdach sind, führe ins Haus! Wenn du einen nackt siehst, so kleide ihn, und entzieh dich nicht deinem Fleisch und Blut!

JESAJA 58,7 (L)

Dem Himmel eine Heimat geben

Liest man diesen Monatsspruch im größeren Zusammenhang von Jesaja 59,1-13, dann erscheint es so, als sei die Hinwendung zum Nächsten geradezu ein Weg, der zu Gott selbst führt.
Umgekehrt gilt jedoch auch: Wer gegenüber anderen Menschen unbarmherzig ist und sich nicht für ihr Leid öffnet, der versperrt den Weg zu Gott. Als richte er ein Hindernis auf, das weder von der einen Seite noch von der anderen zu überwinden ist.
Das Gebet kann dann nicht zu Gott gelangen, es kann diese Schranke nicht überspringen, ebenso wenig kann Gottes Licht durchdringen an Orte, wo es finster ist.

Was sind solche Weisen, Gott, der doch vor der Tür steht, den Weg zu versperren? Ich nenne ein Beispiel.

Februar 2016; Die Abendnachrichten zeigen einen Bus mir Geflüchteten, der die ihnen zugewiesene Unterkunft in Clausnitz ansteuert. Dort haben sich Menschen versammelt, die schon auf sie warten. Doch sie stehen nicht da, um jene willkommen zu heißen, die heimatlos geworden sind. Im Gegenteil:

„Wir sind das Volk!“, skandieren sie. Sie schreien und drohen und umringen schließlich den Bus. Stundenlang müssen die völlig erschöpften Fahrgäste wie Gefangene dort ausharren.
Ich stelle mir vor, wie in ihren Augen die Hoffnung erlischt, endlich ankommen zu dürfen. Stattdessen macht Angst sich breit: Was wird uns, die Schutz suchen, hier passieren?

Die Kamera schwenkt nun um und zeigt den Bus von vorne: Über der Windschutzscheibe steht in leuchtender Schrift der Slogan des Busunternehmens: Reisegenuss.
Ein Wort, das ein anderes in sich birgt: Streicht man die ersten drei und die letzten vier Buchstaben, so steht dort in großen Lettern: SEGEN.

Doch der im Wort Reisegenuss versteckte Segen stellt sich an diesem Abend nicht ein, er bleibt eine leere Verheißung.
Denn niemand ist da, der die Geflüchteten behütet, niemand, der sein Antlitz erhebt und es leuchten lässt, um die verängstigten Menschen willkommen zu heißen und den Frieden mit ihnen zu teilen, in dem wir leben.
Erhobene, geballte Fäuste weisen in Clausnitz dem Himmel die Tür.

„Brich dem Hungrigen dein Brot, und die im Elend ohne Obdach sind, führe ins Haus! Wenn du einen nackt siehst, so kleide ihn, und entzieh dich nicht deinem Fleisch und Blut“ (Jes 58,7 L)!
Eine Menschenfamilie zu werden, in die jedes Kind, das geboren wird, aufgenommen wird, als sei es das eigene Fleisch und Blut: Kleiner ist der Anspruch nicht, den Gott an uns stellt.

Ja, das mag eine Utopie sein, eine Vision ohne Ort. Sie darum als unrealistische Spinnerei abzutun oder gar aufzugeben, hieße, Gott selbst den Weg zu versperren. Es ist an uns, Segen aufzuspüren und weiterzugeben. Und so dem Himmel eine Bahn zu bereiten und Gott eine Heimat zu geben. Heute und Hier.

Gebet: Sichtbarer Segen

Alle Härte,
die gewachsen ist
an den schweren Tagen,
nimm von uns,
guter Gott.

Und wisch auch
die Bitterkeit beiseite,
die eingesickert ist
durch das, was enttäuschend
oder schwer zu verkraften war.

Zünde in uns
dein Licht an,
du Licht der Welt,
damit unser Antlitz
zu leuchten beginnt.

Zeichne uns
mit deinem Segen,
damit er durch uns
sichtbar wird
in Dörfern und Städten.

Anders gesagt: Himmel

Der Himmel: Ist er nicht ein Raum, der zum Träumen einlädt? Komm, nimm eine Auszeit, ermuntert er mich.

Hier darf ich denken, was über die Welt und mich selbst hinausgeht. Hier wird mir ein Film vorgeführt, der utopisch ist, ohne Ort in der Wirklichkeit.

Was zeigt dieser Film? Wolf und Lamm liegen beieinander, Kinder lernen den Krieg nicht mehr. Schmerzen und Schreie verstummen, einer wischt dem anderen die Tränen ab. Und der Tod bettet sich selbst zur ewigen Ruhe.

Nicht alle Szenen, aber doch manche ließen sich überführen in die Realität. Dann ragt der Traumraum hinein in den Alltag, die Utopie erhält einen Platz mitten unter uns Menschen.

Als hätte der Himmel die Erde gestreift.

Erich Fried: Weihnachtslied

Im Jahr 1947 hat der Dichter Erich Fried ein „Weihnachtslied" geschrieben, das sich so anhört:

Weihnachtslied
Eine Streu von Stroh
Eine Wand von Wind
Eine Woge als Wiege
Ein Kind

Ein Schwamm voller Essig
Eine Kammer voll Gas
Eine Waage am Wege
Eine Grube im Gras

Eine Gasse voll Dirnen
Eine Gosse voll Wut
Eine Stirne voll Dornen
Eine Mutter voll Blut

Eine Streu von Stroh
Eine Wand von Wind
Eine Woge als Wiege
Ein Kind

(Fried, Erich: Weihnachtslied, aus: Kaukoreit, V./Wagenbach, K. (Hg.): Gesammelte Werke, Bd. 1 ã Verlag Klaus Wagenbach, Berlin 1993, S. 552.)

Schlicht und kurz sind die Zeilen dieses Gedichtes. Melodisch und rhythmisch der Klang. Als wiege der Dichter ein Kind.

Doch die Worte lassen erahnen, dass die Umstände, unter denen dieses Kind geboren wird, eher widrig sind als idyllisch.

In die Bilderwelt, die uns mit Wiege und Stroh und Kind an Weihnachten erinnert, mischen sich Störungen. Die Passion Jesu klingt an: ein Schwamm voller Essig wird ihm am Kreuz gereicht. Eine Stirne voll Dornen: denn man hat ihm eine stachlige Krone auf den Kopf gedrückt.
Vom „Damals" springt das Gedicht in die Geschichte und erinnert an die Konzentrationslager der nationalsozialistischen Zeit: Eine Kammer voll Gas, eine Grube im Gras.
Und auch Töne, die das benennen, was heute geschieht, kommen hinzu. Eine Gasse voll Dirnen, eine Gosse voll Wut.

Gemeinsam ist diesen Bildern, dass sie nicht schön sind. Sie rufen Schmerz, Entsetzen und Grauen hervor. Und darin, am Anfang und am Ende: Ein Kind.
Als käme das Kind, das damals geboren wurde, auch heute wieder und wieder zur Welt. Und einer ist da, der seine Not sieht, seine Schreie hört und es in den Arm nimmt. Hin und her wiegt er es, her und hin, so lange bis es still wird und bis auf den Grund getröstet ist.

Welchen Glauben dieser Mensch hat, darauf kommt es nicht so sehr an. Wichtiger ist, dass er einen Blick hat für den anderen, der ihn braucht und dass er in seinem Hilfeschrei den Schrei der Erde und den Schrei Gottes vernimmt.
Entscheidend ist, dass er den Mut aufbringt, der manchmal nötig ist, um einem anderen zu helfen oder ihn zu retten.
Erich Fried selbst war Jude, religiös war er nicht. Hier hält er das Kind und wiegt und tröstet es mit seinen Worten.

(Willms, Tina: Erich Fried: Weihnachtslied, aus: dies.: Zwischen Stern und Stall, Ein Begleiter durch die Advents- und Weihnachtszeit. Andachten, Gedichte und Gebete © 2015 Neukirchener Verlagsgesellschaft mbH, Neukirchen-Vluyn, 3. Auflage 2018, S. 110 f.)

Kniefall

In dieser Nacht
kniet der Himmel nieder.

Neigt sich zu denen,
die am Boden sind.

Schaut den Gebeugten
ins Gesicht.

Richtet auf
die Gefallenen.

Erhebt eure Häupter,
sagt er.
Seht nur, das Licht,

Hört doch! Die Engel –
sie singen:
„Fürchtet euch nicht!“

Segenswunsch: Zu lieben wagen

Offene Augen
wünsche ich dir
für die Lichter,
die nun
aus den Fenstern
ins Dunkel fallen.

Hör nur, wie sie
Geschichten erzählen
von Menschen,
die immer noch,
immer wieder
zu lieben wagen.

DANK

Freiraum und Unterstützung sind nötig, damit das Schreiben mir möglich ist.
Ich danke meiner Familie, dass sie mir beides gewährt.

Meiner Schwester Heinke Willms danke ich für ihren Gastbeitrag.

Wertvolle Anregungen und Fragen zum Manuskript verdanke ich Annette Baden-Ratz, Jan-Lukas Willms und Heinke Willms.
Ohne ihren kritischen und würdigenden Blick hätte ich kaum den Mut gehabt, dieses Buch zu veröffentlichen.

Quellenverzeichnis

Die Jahreslosung und Monatssprüche 2020 hat die ÖAB auf ihrer Jahrestagung vom 13.–15.2.2017 festgelegt.
Ökumenische Arbeitsgemeinschaft für Bibellesen (ÖAB): www.oeab.de, info@oeab.de

Büscher, Wolfgang: Ein Frühling in Jerusalem © Rowohlt, Berlin, 3. Auflage 2014, S. 17 f.

Fried, Erich: Weihnachtslied, aus: Erich Fried, Gesammelte Werke. Herausgegeben von Volker Kaukoreit und Klaus Wagenbach, 4 Bde © 1993 Verlag Klaus Wagenbach, Berlin.

Geiger, Arno: Unter der Drachenwand © Carl Hanser Verlag, München 2018, S. 137 ff.

Gelderblom, Bernhard: Die NS-Reichserntedankfeste auf dem Bückeberg 1933-1937. Aufmarsch der Volksgemeinschaft und Massenpropaganda © Verlag Jörg Mitzkat, Holzminden 2018, S. 40.

Höppl, Karl Albrecht (Text): Die Nacht ist um, der Tag kehrt wieder, nach dem englischen „The Day Thou Gavest, Lord, Is Ended“ von John F. Ellerton, aus: Evangelisches Gesangbuch, je nach Kirchensprengel, 490, 1-2.

Kermani, Navid: Ungläubiges Staunen. Über das Christentum © C. H. Beck, München, 13. Auflage 2016, S. 169.

Krüger, Michael: Schlaflos, aus: Umstellung der Zeit. Gedichte © Suhrkamp, Berlin 2013, S. 59.

Miłosz, Czesław: Gedichte. Ausgewählt und mit einem Nachwort versehen von Adam Zagajewski © Carl Hanser Verlag, München 2013, S. 86.

Schleske, Martin: Der Klang. Vom unerhörten Sinn des Lebens © Wilhelm Goldmann Verlag, München, 5. Auflage 2014.

Schlingensief, Christoph: So schön wie hier kanns im Himmel gar nicht sein! Tagebuch einer Krebserkrankung © Verlag Kiepenheuer & Witsch, Köln 2009.

Willms, Tina: Erich Fried: Weihnachtslied, aus: dies.: Zwischen Stern und Stall, Ein Begleiter durch die Advents- und Weihnachtszeit. Andachten, Gedichte und Gebete © 2015 Neukirchener Verlagsgesellschaft mbH, Neukirchen-Vluyn, 3. Auflage 2018, S. 110 f.

Willms, Tina: Nachtruf, aus: dies.: Am Wegrand: Ein Wunder. Mit offenen Sinnen durch das Jahr © 2016 Neukirchener Verlagsgesellschaft mbH, Neukirchen-Vluyn, S. 110.

Willms, Tina: Subversion, aus: dies.: Erdennah – Himmelweit. Ein Jahresbegleiter zu den Wochensprüchen. Andachten, Gedichte und Gebete © 2014 Neukirchener Verlagsgesellschaft mbH, Neukirchen-Vluyn, 3. Auflage 2016, S. 99.

Erwähnte und verwendete Internetseiten

www.fr.de/panorama/vollstrecker-muede-11035399.html,
Zugriff am 25.02.2019.

www.daserste.de/information/wissen-kultur/ttt/sendung/ttt-28012018-playing-god-100.html, Zugriff am 25.02.2019.

www.youtube.com/watch?v=vpLOPn_pxuk, Zugriff am 25.02.2019.

www.wieland-schmiedel.de/werke/, Zugriff am 25.02.2019.

www.rbb24.de/politik/beitrag/2018/04/kippa-solidaritaet-judentum-berlin-potsdam-antisemitismus.html, Zugriff am 25.02.2019.